O psicanalista
VAI AO CINEMA

Volume II

Sérgio Telles

O psicanalista
VAI AO CINEMA

Volume II

© 2008 Casapsi Livraria e Editora Ltda.
É proibida a reprodução total ou parcial desta publicação, para qualquer finalidade, sem autorização por escrito dos editores.

1ª Edição	*2008*
2ª Edição	*2012*
Diretor Geral	*Ingo Bernd Güntert*
Publisher	*Marcio Coelho*
Coordenadora Editorial	*Luciana Vaz Cameira*
Preparação	*Flavia Okumura Bortolon*
Capa	*Renan Gurgel*

Dados Internacionais de Catalogação na Publicação (CIP)
Angélica Ilacqua CRB-8/7057

Telles, Sérgio
   O psicanalista vai ao cinema II / Sérgio Telles. –
2. ed. - São Paulo : Casa do Psicólogo, 2012.

Bibliografia
ISBN 978-85-7396-617-6

1. Psicanálise - Interpretação 2. Psicanálise e cinema
I. Título

12-0304   CDD 150.195

Índices para catálogo sistemático:
1. Interpretação psicanalítica: Cinema: Psicologia
2. Psicanálise e cinema: Psicologia

Impresso no Brasil
Printed in Brazil

As opiniões expressas neste livro, bem como seu conteúdo, são de responsabilidade de seus autores, não necessariamente correspondendo ao ponto de vista da editora.

Reservados todos os direitos de publicação em língua portuguesa à

Casapsi Livraria e Editora Ltda.
Rua Simão Álvares, 1020
Pinheiros • CEP 05417-020
São Paulo/SP – Brasil
Tel. Fax: (11) 3034-3600
www.casadopsicologo.com.br

Sumário

Prefácio..9

Tropa de elite, de José Padilha (2007)...............................11

O cheiro do ralo, de Heitor Dhalia (2007).........................15

Santiago, de João Moreira Salles (2006)...........................19

A pele (*Fur, an imaginary portrait of Diane Arbus*),
de Steven Shainberg (2006)...23

Considerações sobre *O Código Da Vinci*
(*The Da Vinci Code*), de Ron Howard (2006)....................27

Babel, de Alejandro González Iñárritu (2006)..................39

Volver, de Pedro Almodóvar (2006)..................43

Segredos da noite (*The Night Listener*),
de Patrick Stettner, 2006)..................45

O labirinto do fauno (*El Laberinto del Fauno*),
de Guillermo del Toro (2006)..................57

Jogo subterrâneo, de Roberto Gervitz (2005)..................67

Sobre *A vida secreta das palavras* (*La vida secreta
de las palabras*), de Isabel Coixet (2005)..................73

Brilho eterno de uma mente sem lembranças (*Eternal
sunshine of the spotless mind*), de Michael Gondry (2004)..........83

Os edukadores (*Die Fetten Jahre sind vorbei*), de Hans
Weingartner (2004)..................87

Na captura dos Friedmans (*Capturing the Friedmans*), de
Andrew Jarecki (2003)..................91

Adaptação (*Adaptation*), de Spike Jonze (2002)..................99

The Browm Bunny, de Vincent Gallo (2002)..................105

Lúcia e o sexo (*Lucia y el sexo*), de Julio Medem (2001)..........109

O pântano (*La Ciénaga*), de Lucrecia Martel (2001)..................119

Escrever em corpos, escrever no papel............123

O bicho cozinheiro............143

Bergman e uma conturbada relação mãe-filha............153

Persona (1966) e *gritos e sussurros* (Viskningar och rop, 1972, duas obras-primas de Bergman............157

Teorema, de Pasolini (1968)............165

Impossível sair de Marienbad............169

Sobre o filme *Carta de uma desconhecida*............181

Algumas ideias sobre *O triunfo da vontade* (*Triumph des Willens*), de Leni Riefenstahl (1935)............193

Prefácio

Como era de se esperar, este segundo volume de O psicanalista vai ao cinema segue os mesmos princípios de seu antecessor. Visa proporcionar uma divulgação do conhecimento psicanalítico, usando o cinema como veículo privilegiado.

Como no livro anterior, os artigos aqui coletados apareceram previamente em diferentes publicações, o que explica a diversidade na forma e no estilo.

A melhor maneira de ler este livro é fazê-lo depois de ver os filmes aqui analisados, todos eles disponíveis em DVD. Desta forma, o leitor poderia comparar suas próprias impressões com as que aqui estão expostas.

Sérgio Telles

Tropa de elite, de José Padilha (2007)[1]

Um retrato inquietante de nossa realidade

É excelente o filme *Tropa de elite*, de José Padilha. Estrutura narrativa, direção, atuação dos atores, montagem, som, tudo isso só têm um similar no cinema brasileiro, o também extraordinário *Cidade de Deus*, de Fernando Meireles.

Alguns o acusam de enaltecer o BOPE e fazer a apologia ou a banalização da tortura, o que me parece uma compreensão equivocada do filme.

---

[1] Apresentado no programa "A Palavra de Quem Decide" – Rádio Eldorado AM – São Paulo, 29/09/07.

Tropa de elite mostra o panorama assustador da nossa realidade social, marcada pelo fosso entre ricos e pobres, a debilidade da cidadania na população, a ineficiência do Estado para combater a corrupção policial e o poder do tráfico. Somente um caldo de cultura como este permite que a brutalidade assassina do BOPE possa se apresentar como uma alternativa para a restauração da lei nas favelas.

O filme nos força a pensar sobre o problema da droga. Afinal, se existe um tráfico internacional que resiste a qualquer tentativa de repressão e que com seu dinheiro é capaz de corromper a estrutura policial e política dos países pelos quais circula, é porque atende à demanda de um grande mercado cada vez mais voraz pelo produto que vende. Essa constatação nos conduz para a questão da descriminalização da droga, com toda a complexidade que o assunto envolve. De forma irônica, José Padilha mostra universitários estudando Foucault e criticando a sociedade "repressiva", enquanto suas ONGs na favela servem de ponto para o repasse da droga.

Tropa de elite não faz apologia da tortura nem a banaliza. O que há, sim, é uma apresentação não hipócrita de uma prática corriqueira pelo Brasil afora, decorrente das condições de uma polícia despreparada para investigar cientificamente os crimes, ainda mais em situações de franca deflagração, como as mostradas pelo filme.

Mas é bom lembrar que a tortura não é um problema exclusivamente nosso, desde que ela é usada em todo o mundo. Sua mais recente aparição no cenário internacional se deu nas guerras americanas do Afeganistão e do Iraque.

É importante que se mostre a tortura e se discuta sobre ela. Somente assim se compreende o problema e se percebe sua dimensão. Ela não é apenas um ritual sadomasoquista entre torturador e torturado. Atrás disso está o interesse do Estado, que, para obter as informações desejadas, manipula e explora a patologia individual daquele que diretamente pratica a tortura.

A questão ética do uso da tortura só fica bem clara quando se entende que ela é o método mais eficiente para obter informações. Na verdade, o método é tão eficaz que erra pelo excesso, o torturado termina por confessar tudo, qualquer coisa, para se livrar da morte iminente.

Abdicar da tortura em nome dos direitos humanos quando se necessita de uma informação vital que poderia ser obtida através de seu uso – essa é uma questão ética da maior importância em nossos tempos.

O cheiro do ralo, de Heitor Dhalia (2007)[1]

Baseado num livro de Lourenço Mutarelli e roteiro de Marçal Aquino, o filme de Dhalia ganhou prêmios nacionais e internacionais, além da boa acolhida do público.

Lourenço, o protagonista que tem o mesmo nome do autor do livro no qual o filme se baseia, é dono de uma loja de penhores. Como é próprio deste tipo de comércio, para ele se dirigem as pessoas necessitadas de dinheiro com o objetivo de vender seus objetos, apesar de estarem carregados com suas lembranças pessoais. Lourenço tem uma atitude sádica em relação àqueles que o procuram. Comprando ou não o que eles trazem, sempre os

---

[1] Apresentado no programa "A Palavra de Quem Decide" – Rádio Eldorado AM – São Paulo, 19/05/07.

humilha, espezinha e avilta, fazendo-os rastejar e implorar. Despreza os objetos que trazem, especialmente quando percebe o valor afetivo que lhe atribuem e que lhes torna mais difícil desfazer-se deles.

Ao receber seus clientes, Lourenço sempre explica que o mau cheiro que eventualmente sintam decorre de um ralo entupido em seu banheiro, não vem dele mesmo.

Lourenço rompe um noivado nas vésperas do casamento, alegando não amar ninguém, nem mesmo sua mãe, à quem a noiva perplexa tenta recorrer de sua decisão. O mundo de Lourenço reduz-se a seu ambiente de trabalho, que mais parece um depósito de lixo com velhos objetos amontoados, e a seu inóspito apartamento.

Sua magra rotina é quebrada ao se interessar pela moça da lanchonete onde faz suas refeições. Ou melhor, pelas nádegas desta moça.

O cheiro do ralo, que tanto preocupa Lourenço, é uma óbvia metáfora de sua culpa. É um sintoma de sua consciência pesada pela forma desrespeitosa e desumana com que trata a todos que o procuram. Por outro lado, o cheiro do ralo evoca o intenso interesse erótico despertado pelas nádegas da garçonete, o "ralo" anal.

Retorno do reprimido, para Lourenço o cheiro do ralo representa simultaneamente a culpa por sua agressividade e o censurado erotismo anal. Por este motivo, tenta inutilmente tapá-lo, o que colocaria em risco todo o edifício, como advertem os pedreiros.

As atitudes e comportamentos de Lourenço parecem retirados diretamente da descrição freudiana da fixação anal. Ali estão o apego ao dinheiro, a ambivalência ligada às questões de sujeira e limpeza, de ordem e desordem, o ódio e o amor, o erotismo anal, uma sexualidade equacionada com a sujeira etc.

Gabbard diz que, ao se interpretar um filme, pode-se utilizar o extenso arsenal teórico psicanalítico de acordo com a problemática por ele posta em jogo. Em *O cheiro do ralo*, o que se coloca em primeiro plano é o referencial freudiano das fases da evolução da libido, no caso a pulsão anal. Por outro lado, se levarmos em conta que Lourenço está à procura de um pai, impõe-se a problemática edipiana e seus mecanismos constitutivos do psiquismo via identificação. Lourenço cria na fantasia um pai morto na guerra, do qual teria resgatado fragmentos, como o olho e a perna. É interessante que Lourenço imagine que o pai tenha sido despedaçado numa guerra, pois aí, mais uma vez, manifesta-se a agressividade anal, a destrutividade vingativa contra o pai que o abandonou.

A caracterização do personagem comporta ainda uma abordagem kleiniana, pois remete a um mundo interno composto por objetos parciais destruídos próprios da fase esquizoparanoide, na qual o objeto total não se constituiu. O ambiente de trabalho de Lourenço – um amontoado de objetos velhos, quebrados, antiquados – representaria um ego formado por objetos destruídos, com os quais não consegue se estruturar adequadamente como sujeito, o que o impossibilita de estabelecer relações objetais satisfatórias. Lourenço tem contato apenas com objetos parciais, como as nádegas da garçonete, o olho e a perna de seu suposto pai.

É como se Lourenço oscilasse entre a persecutoriedade dos objetos bizarros e destruídos da fase esquizoparanoide, e a nostalgia de um olhar paterno que o libertasse da especularidade da relação narcísica com a mãe. Em vão procura construir para si uma história, daí seu ódio invejoso por aqueles que trazem histórias incrustadas nos objetos que precisam vender.

Com seus permanentes ataques sádicos, Lourenço parece querer provocar uma vingança, desejada como punição merecida por sua agressividade. E é o que termina por acontecer, quando ele finalmente se aproximava de uma relação mais completa com a garçonete.

O universo mental descrito em *O cheiro do ralo* lembra o filme *O Homem do Prego (The Pawnbroker*, 1964), de Sidney Lumet, interpretado por Rod Steiger. Ali o responsável pela casa de penhores é um judeu sobrevivente dos campos de concentração. Tal como Lourenço, espezinha e humilha os coitados que a ele recorrem. Em *O Homem do Prego*, a atitude sádica do dono do estabelecimento decorre dos traumas vividos nos campos de concentração. O que explicaria as atitudes de Lourenço é apenas entrevisto e construído hipoteticamente, como o abandono do pai, o ódio assassino daí decorrente e a necessidade de punição pela culpa.

A psicanálise continua influenciando diretores e roteiristas. Se nos primórdios do cinema sua presença era muito evidente e direta, como nos filmes de Buñuel e Hitchcock, hoje em dia ela se manifesta de forma mais sutil, indireta e sofisticada, como nos roteiros de Woody Allen, Peter Greenaway ou de Charlie Kaufman.

Digamos que *O cheiro do ralo* está mais próximo dos primeiros do que dos segundos, daí seu sabor um tanto ingênuo ou anacrônico.

Santiago, de João Moreira Salles (2006)[1]

Uma meditação sobre a memória

Recentemente, o premiado filme *Santiago*, de João Moreira Salles, foi adquirido pelo MOMA de Nova York, honra concedida a poucos.

À primeira vista, *Santiago* é um documentário sobre o ex-mordomo dos Moreira Salles, um capricho de menino rico filmando um velho empregado.

Na verdade, *Santiago* é uma refinada meditação sobre o tempo e seu correlato, a memória que se expressa tanto nas lembranças afetivas pessoais como no registro formal dos documentos.

---

[1] Apresentado no programa "A Palavra de Quem Decide", Rádio Eldorado AM, São Paulo, 22/12/07.

Em *Santiago*, o passado nos é apresentado em várias camadas superpostas – o passado de João Moreira Salles, que tenta recordar a infância através de suas lembranças e do mordomo; o passado do próprio Santiago, suas recordações dos parentes italianos e a imigração para a Argentina; o passado sedimentado na história de antigas dinastias e impérios que Santiago copia obsessivamente, procurando captar-lhes o sentido e o perdido esplendor. E há o passado recente do diretor configurado no intervalo de 11 anos entre as filmagens e a efetiva realização do filme, interrupção que lhe possibilita uma reflexão sobre os objetivos que tinha na ocasião em que filmava e como os vê ao retomar os registros para finalizar a obra.

A grande questão que João Moreira Salles aborda diz respeito à fidedignidade de nossas lembranças e registros do passado. O que lembramos efetivamente ocorreu da forma como o registramos? É possível um registro objetivo e factual do passado ou o que resta dele é uma inevitável mistura de fatos, fantasias, recriações, imaginações? Quanto foi excluído, calado e negado nas lembranças que restaram do que foi vivido, dos fatos acontecidos?

Dessa forma, o filme *Santiago* indaga em que um documentário – e, por extensão, qualquer documento histórico – efetivamente se diferencia da ficção.

O que está implícito no tratamento da memória é a passagem do tempo, causadora de perdas e mortes. Tanto o mordomo Santiago como João Moreira Salles lembram e isso os leva à consciência da fugacidade de tudo, à presença incontornável da morte. Várias vezes, Santiago diz – "estão todos mortos!". E é justamente a consciência e a aceitação das perdas trazidas pela morte o que permite a criação de uma obra de arte, que resgata do esquecimento o passado.

Os problemas ligados à memória interessam de perto a psicanálise, tanto em sua vertente singular como coletiva.

A distância entre a realidade material e a memória dela guardada é sempre grande devido às inevitáveis repressões de tudo aquilo que provoca desprazer e dor, o que provoca distorções de diversa intensidade.

Numa análise, o sujeito tem oportunidade de se confrontar com os motivos de suas repressões e as distorções concomitantes de sua memória, podendo recuperar e integrar elementos até então desconhecidos de sua história.

No plano coletivo e social, os processos de desconstrução também permitem a recuperação de elementos da realidade social que foram escamoteados em função de jogos do poder, que reprime e tenta excluir tudo aquilo que o coloca em risco.

A pele (Fur, an imaginary portrait of Diane Arbus), de Steven Shainberg (2006)[1]

Uma fotógrafa procurando ver além das aparências

Apesar de não pretender ser uma biografia rigorosa e explicitamente se apresentar como um "retrato imaginário", o filme *A pele (Fur)* dá uma boa ideia da vida e da peculiar produção artística da fotógrafa norte-americana Diane Arbus.

Perde-se um pouco a precisão dos elementos informativos e muito se ganha com a sensibilidade e liberdade com as quais o diretor Steven Shainberg e a roteirista Erin Cressida Wilson recriaram a realidade interna e os conflitos de Diane Arbus.

---

[1] Texto publicado anteriormente na revista *Mente e Cérebro*, n. 174, ano XIV, jul. 2007.

Filha de ricos negociantes de pele proprietários da elegante loja Russek na Quinta Avenida, Diane se casa – contra a vontade dos pais – com o fotógrafo Allan Arbus, responsável pela publicidade da loja e passa a trabalhar como sua assistente. Incentivada pelo marido, Diane estuda com grandes fotógrafos de Nova York e se dedica à profissão.

Logo se afasta do mundo belo e irreal das fotos de moda e vai para o polo oposto, um universo onde a realidade se impõe com a máxima dureza, determinando a marginalização através dos defeitos físicos aberrantes, da feiura, da pobreza, dos comportamentos não convencionais.

Curiosamente, ambos os mundos são regidos pela aparência. De um lado, a bela aparência dos modelos de publicidade. De outro, a aparência grotesca dos *freaks*, dos aleijões com suas aberrações físicas, dos pobres e feios, dos marginais, da gente comum das ruas.

O respeito que Diane tinha pelos *freaks*, os aleijões, aparece quando diz: "Há uma espécie de lenda sobre os *freaks.* Como uma pessoa num conto de fadas que te chama e exige que você resolva um enigma. A maioria das pessoas passa a vida apavorada com a ideia de sofrer uma experiência traumática. Os *freaks*, os aleijões, estes nasceram com seu trauma. E já o ultrapassaram. São os aristocratas"[2].

Ou seja, por terem passado por tanto sofrimento e sobrevivido a eles, os aleijões merecem nossa maior admiração, não nosso desprezo.

Alguns críticos, sem notarem como de suas fotos transuda uma pungente humanidade, uma severa compaixão por aqueles

---

2 RIPER, Frank Van. *Diane Arbus*: revealed and rediscovered: Washinton Post / Camera Works, 2003. Disponível em <http://www.washingtonpost.com/wp-srv/photo/essays/vanRiper/030925.htm>. Acesso em 26 jun. 2008.

tratados tão asperamente pela vida, ainda hoje acusam Diane Arbus de ter explorado voyeristicamente a miséria humana.

Seu trabalho, a meu ver, suscita controvérsia por mostrar aquilo que habitualmente fica reprimido, censurado, negado.

Apesar de tudo, atualmente o reconhecimento da obra de Diane Arbus está consolidado. Pena que ela não possa usufruir disso, pois se suicidou antes, em 1978, com 48 anos.

Nessa nossa época na qual a bela aparência é tida como uma exigência social que submete a todos ao império da moda, à ditadura das academias e das cirurgias plásticas, a obra de Diane Arbus adquire especial relevância.

No filme, é interessante a forma como os autores mostram a mudança da trajetória profissional de Diane. Tudo começa quando ela conhece um misterioso vizinho que sofre de hipertricose, doença que faz com que seu portador tenha um excesso de pelos no corpo. Diane se apaixona e ele a introduz em seu mundo bizarro, composto por pessoas que, como ele, são portadoras de aberrações tais que não lhes deixam outra alternativa senão ganhar a vida com elas, exibindo-se em espetáculos públicos, em circos.

Com este artifício, os autores condensam importantes elementos do psiquismo de Diane Arbus referentes à sua conflitiva relação com os pais. Se rejeita o luxuoso negócio familiar dos casacos de pele, Diane se sente atraída justamente pelo aspecto peludo do vizinho, o que evoca, de imediato, o comércio de peles de seus pais.

Desta forma, fica evidente o caráter incestuoso e endogâmico do desejo sexual, fixado e plasmado que é pelo desejo do Outro.

Considerações sobre *O Código Da Vinci* (*The Da Vinci Code*), de Ron Howard (2006)[1]

O extraordinário sucesso do livro de Dan Brown, *O Código Da Vinci* e do filme nele baseado caracterizam-no como um produto típico da indústria cultural globalizada.

O que quer dizer isso? Muitas coisas, todas derivadas da dicotomia entre indústria cultural e arte.

---

[1] Texto publicado na revista *Mente e Cérebro*, Edição 167, Dezembro de 2006.

Os produtos da indústria cultural constituem o universo do entretenimento. São divertimentos, distrações, passatempos, diversões de teor escapista e alienante voltados para as massas, nos quais foram aplicados grandes investimentos financeiros em busca dos lucros correspondentes. Para tanto, os produtos são divulgados através de campanhas publicitárias maciças veiculadas pelos meios de comunicação, que incentivam seu consumo no mercado. Todas essas características afastam o produto da indústria cultural das chamadas criações artísticas. Estas não têm como objetivo imediato o consumo das massas e sim a expressão de novas formas e conteúdos elaborados pelo artista em seu trabalho solitário. Muito embora possam também entreter e distrair, não têm esse propósito como prioridade e sim simbolizar e representar as grandes questões humanas, enriquecendo aqueles que delas se aproximam. Quando aparecem na mídia, as criações artísticas ocupam espaços muito específicos e restritos, na maioria das vezes ignorados pelo grande público.

Não quer isso dizer que ocasionalmente algumas delas não tenham grande apelo popular nem que o artista não tenha ambições, não almeje o reconhecimento e fortuna. Afinal, vivemos numa época onde são cultuadas as celebridades e ter seus quinze minutos de fama é o sonho acalentado por quase todos. Os artistas não poderiam ser diferentes. Mas o fato é que a produção artística, por suas características intrínsecas, dificilmente pode atingir o consumo de massa. O artista não despreza o dinheiro que um bem-sucedido produtor da indústria cultural recebe, mas talvez seja ainda mais ambicioso que aquele, pois aspira à imortalidade.

Produtos da indústria cultural, como *O Código Da Vinci*, são consumidos vorazmente em escala de milhões, saturando à náusea o mercado, para logo ser esquecido e substituído por um similar, iniciando um novo ciclo de consumo. Tirando as exceções, uma obra de arte (livro, quadro, filme etc.) atinge um número modesto de pessoas, mas persiste ao longo do tempo, seduzindo novas gerações. Dificilmente ela é tão lucrativa quanto o produto cultural, que enche os bolsos de todos envolvidos em sua consecução.

O *Código Da Vinci* é inevitavelmente um produto globalizado, na medida em que está inserido na forma atual assumida pelo capitalismo, que tende a formar um único e uniforme mercado, em detrimento da diversidade de mercados regionais, que tendem a desaparecer. No que diz respeito a produtos culturais, a globalização pode trazer graves consequências no que se refere à identidade cultural de povos e países menos poderosos.

Tais características de *O Código Da Vinci* não retiram seu interesse nem a possibilidade de revelar aspectos do *pathos* da nossa contemporaneidade. Sua mistura bem dosada de ingredientes diversos, como a lenda do Santo Graal e as narrativas policiais ou detetivescas, temperada com pitadas da alta cultura ocidental referentes a pinturas, tesouros arquitetônicos e a história europeia, mobilizam o grande público.

Seu enredo já é do conhecimento geral – a descoberta do "verdadeiro" significado do Santo Graal. Não é ele, como dizia a lenda, o cálice usado por Jesus na Santa Ceia e, sim, Maria Madalena, o "vaso", o "cálice" onde Jesus depusera sua semente, gerando uma descendência que persiste até nossos dias, sobrevivendo à perseguição sistemática movida por fanáticos manipulados pela Igreja, interessada em manter a imagem convencional de Jesus. Através dos séculos, as sociedades secretas dos Templários se constituíram como guardiães da descendência de Jesus. Para que essa surpreendente descoberta se realize, os heróis da história desvendam inúmeros enigmas, quebram vários códigos secretos e descobrem pistas ocultas e surpreendentes para .

É possível que um dos elementos que mais toquem os espectadores, fonte do grande apelo popular conseguido pelo autor, seja a ideia de que Jesus teria tido vida sexual com a prostituta Maria Madalena e com ela constituído família. Por que essa ideia suscitaria tanto interesse? Antes de tudo, pelo aspecto religioso. O dogma afasta qualquer traço de sexualidade da figura de Jesus. Ele é filho de uma mãe virgem e não há menção a qualquer atividade sexual de sua parte.

Que um autor, como é o caso de Dan Brown, possa fazer uma obra que se contrapõe diretamente à doutrina religiosa sem sofrer punições, aponta para a extraordinária importância da Revolução Francesa, que tornou possível a separação entre Estado e Religião nos países ocidentais. Apesar de protestos de grupos religiosos em muitas localidades, até mesmo do próprio Vaticano, em nenhum momento o filme ou o livro foram censurados ou o autor perseguido. Isto seria impensável nos países muçulmanos, nos quais a Religião e o Estado permanecem fundidos, o que faz com que a figura do Profeta seja intocável.

Nunca será demais lembrar a *fatwa* – sentença de morte por blasfêmia e apostasia – dada pelas autoridades religiosas iranianas a Salman Rushdie em 1988, por ter ele escrito o livro *Versos Satânicos*.

Dizia a *fatwa*: "O autor de *Versos Satânicos*, texto escrito, editado e publicado contra o Islã, o Profeta do Islã e o Alcorão, juntamente com todos os editores e responsáveis por sua produção, que conheciam seu teor, estão condenados à pena capital. Conclamo todos os valentes muçulmanos de qualquer lugar do mundo a executar esta sentença sem delongas, de modo que doravante ninguém ouse insultar as sagradas crenças dos muçulmanos"[2].

---

[2] Disponível em <http://www.chiark.greenend.org.uk/~owend/interests/islam/fatwa.html>. Acesso em 26 jun. 2008.

Apesar do protesto mundial – protesto moderado, dado que interesse políticos e comerciais não permitiam uma discordância muito direta com as autoridades iranianas – Rushdie teve de viver escondido, sob a proteção do serviço secreto britânico por dez (10) anos. Por ser extensiva a todos os envolvidos com a publicação do livro, além de Rushdie, sofreram as consequências da *fatwa* o tradutor japonês – que foi assassinado em Tóquio; o tradutor italiano – que foi espancado e esfaqueado em Milão; o editor norueguês – que foi gravemente ferido à bala em Oslo; o tradutor turco, objeto de grande manifestação popular que culminou no incêndio de um hotel, causando a morte de 27 pessoas ali hospedadas.

Em 1998, a *fatwa* foi suspensa, decisão não aceita pelos religiosos mais radicais, que, seguindo a ortodoxia, consideraram que ela só poderia ser revogada por quem a proferira. Como no caso fora o Aiatolá Khomeini, já falecido, ela ficara formalmente irrevogável. Tanto assim que, em 1999, uma fundação iraniana ofereceu dois milhões e oitocentos mil dólares (US$ 2.800.000) pela vida de Rushdie e a Guarda Revolucionária Iraniana reiterou o apelo a seu assassinato. Ainda há pouco, em 2005, o Aiatolá Khamenei reafirmou a *fatwa* contra Rushdie.

Leve-se em conta que a liberdade com que Rushdie tratou a figura do Profeta em seu livro foi muito mais discreta do que aquela tomada por Dan Brown em relação a Jesus em *O Código Da Vinci*. Sob esse prisma, o sucesso desse produto cultural é uma evidência de que vivemos em Estados leigos, nos quais a religião não impõe diretamente suas normas.

A *fatwa* é um exemplo cabal de fanatismo religioso em nossos dias, equivalente às fogueiras da Inquisição na Idade Média e, em menor grau, ao *Index Librorum Proibitorum* (Índice de Livros Proibidos) da Igreja Católica, instituído em 1559 e ainda vigente, mas sem a antiga força. A *fatwa* tem sua contrapartida nos fundamentalistas norte-americanos, a população do chamado *Bible belt* – larga região da América profunda, onde prevalecem os pentecostalistas evangélicos. Mas não se pode deixar de enfatizar uma fundamental diferença. Por mais radicais e fanáticos que sejam eles, sua influência política é indireta e obtemperada pelo Estado leigo.

O fanatismo, o fundamentalismo intransigente são exemplos extremados de como é difícil abordar e discutir religião. Na verdade, não só religião, mas qualquer crença, ideologia, visão de mundo. São elas conjuntos de ideias e convicções firmemente arraigadas na própria identidade do sujeito, adquiridas desde a mais tenra infância, associadas com figuras familiares amorosas do passado (pai, mãe etc.), que configuram a maneira de entender e se situar no mundo, parte significativa da própria ideia que o sujeito faz de si mesmo. Sendo assim, qualquer discussão de tais ideias é sentida pelo sujeito como uma ofensa pessoal, uma ameaça a sua própria existência, à própria identidade, o que desencadeia intensos sentimentos, reações extremas e violentas.

Além disso, há um outro motivo que justifica a reação negativa a qualquer análise crítica do fenômeno religioso. Para a maioria das pessoas, a religião simboliza o que há de mais elevado no ser humano – sua capacidade de amar, o respeito pelo outro, o interesse na comunidade, o comportamento pacífico e amistoso, a repulsa pela violência e agressividade. Se alguém critica a religião, essas pessoas automaticamente pensam que estão sendo atacados tais valores e defendidos aqueles que lhe são contrários, o que seria – com toda razão – condenável e inaceitável.

Tal confusão advém de uma não discriminação entre valores éticos e religiosos. O que é compreensível, dado que durante muito tempo os valores éticos se apoiavam nos religiosos. Alguém fazia o bem ou evitava praticar o mal por obediência a um mandamento, uma ordem ou determinação divina e por temer a punição na vida eterna em caso de desobediência, por exemplo, ir para o inferno.

Somente em tempos históricos mais recentes, foi possível discriminar entre valores éticos e valores religiosos. Em outras palavras, tornou-se possível pensar que se deve fazer o bem e evitar o mal não para cumprir com um mandamento divino, não por temor à divindade, e sim por respeito ao semelhante. Tal visão agnóstica não significa a postulação de uma volta à barbárie e sim em acreditar que o homem, na medida em que se torne consciente e responsável por si e por seus semelhantes, procurará conter seus impulsos agressivos e sexuais em prol do bem comum.

É verdade que os textos sagrados das maiores religiões guardam um imenso acervo de sabedoria *humana* recolhida através dos tempos. Que essa sabedoria tenha-se apoiado na figura de Deus para justificá-la parece ser uma contingência histórica, o que talvez no futuro – juntamente com tantas outras ilusões – não mais se faça necessário, como ansiava John Lennon em sua música "Imagine".

Quem sabe então os homens terão compreendido que "Deus" e "religião" são significantes que abrigam não uma essência divina, mas uma realidade humana – o melhor de que nós homens somos capazes.

Freud muitas vezes abordou o fenômeno da religião em seus textos, reconhecendo seu imenso poder sobre a humanidade. Em linhas gerais, a entendia como expressão do desamparo que todos tivemos de arrostar em nossa primeira infância, o que gera uma permanente necessidade de figuras paternas que nos garantam amor e proteção contra os perigos. "Deus" seria esse pai do qual não podemos abrir mão para não cairmos em desespero frente às dificuldades da vida e a certeza da morte.

A maneira como a criança vê os pais na infância cria uma fantasia característica, que Freud chamou de "romance familiar".

Inicialmente a criança atribui aos pais qualidades extraordinárias, considera-os seres perfeitos e incomparáveis em sua grandiosidade. Essa visão necessariamente cede espaço para uma apreciação mais realística, na medida em que a criança entra em contato com as limitações e dificuldades dos pais, além das inevitáveis frustrações que eles lhe fazem sofrer. Mas a criança não desiste facilmente dessa visão idealizada dos pais. Durante certo período, ela fantasia ser filha de um outro pai, de alta estirpe – um nobre ou milionário – que, no futuro, virá resgatá-la, juntamente com a mãe, levando-as para ocupar um lugar mais condizente com sua elevada condição. Essa fantasia dá expressão tanto aos conflitos de rivalidade edipiana com o pai, como também é uma maneira de a criança manter a forma grandiosa com a qual o via anteriormente e que teve de abandonar frente aos embates com a realidade.

A antiga imagem idealizada do pai se refugia também nas figuras de deuses e heróis existentes na cultura, como bem mostrou Otto Rank em seu clássico *O mito do nascimento do herói*. Estudando narrativas produzidas em culturas muito distanciadas no tempo e espaço – como as dos reis babilônicos Gilgamesh e Sargon, do herói hindu Karna, do rei persa Ciro, dos heróis gregos Édipo, Hércules, Paris e Perseu, dos fundadores de Roma Rômulo e Remo, do herói celta Tristão, dos heróis alemães Sigfried e Lohengrin e até mesmo de Moisés, Buddha e Jesus – Rank constatou a grande semelhança entre elas, na medida em que se constituíam variações em torno da mesma e única fantasia básica – a do "romance familiar".

Tido como dogma de fé do cristianismo – a concepção imaculada de Maria – essa configuração aparece na narrativa do nascimento de vários heróis e homens santos. Muitos deles, como Jesus, são filhos de mãe virgem e morrem sem registro de vida sexual ou descendência. Essa fantasia é uma modalidade do "romance familiar", onde o pai não mais é substituído por um nobre ou milionário, e sim por uma entidade infinitamente superior, o próprio deus. Esse mito de nascimento de mãe virgem é uma elaboração do Complexo de Édipo. Frente aos ciúmes do pai e o desejo de posse da mãe, o filho não tolera se ver como produto de uma relação sexual entre os dois, pois esta o exclui ao evidenciar o pai como objeto de amor da mãe. O filho então se imagina fruto de uma mãe virgem, ou seja, não possuída pelo pai.

Tais estudos mostram como estas narrativas, que muitas vezes foram tomadas como decorrentes de revelação divina, na verdade não passam de elaborações, na cultura, de antigas fantasias infantis decorrentes dos conflitos de amor e ódio da criança para com os pais.

Vê-se então que Dan Brown, ao abordar a sexualidade de Jesus em *O Código Da Vinci,* acertou em cheio num tema que tem profundas ressonâncias no público, pois evoca o "romance familiar", com todas suas implicações ligadas às imagens idealizadas de pais assexuados e grandiosos, figuras que povoam o panteão de deuses e heróis, de mitos e religiões. Digamos que a reação afetiva à ideia exposta por Dan Brown de que Jesus teve relações sexuais e produziu uma família seria equivalente àquela que a criança teria ao descobrir – entre fascinado e indignado – que os pais têm relações sexuais.

Finalmente, há outro elemento que prende a atenção em *O Código Da Vinci.* É sua estrutura policial, de suspense, que mostra uma visão conspiratória da história. Inadvertidamente, os heróis do enredo fazem descobertas decisivas que modificam de forma radical a maneira como o mundo lhe era apresentada até então pelas versões oficiais sustentadas pela cultura e pelo poder organizado.

As teorias conspiratórias da história – que sempre existiram – tomam fôlego no momento atual, por uma descrença generalizada com os sistemas representativos políticos vigentes. Dois exemplos ilustram bem o que quero dizer. Aqui no Brasil, vive-se um estado de perplexidade e abulia decorrente da grande decepção trazida pelo PT. Frente a todas as irregularidades amplamente divulgadas, os cidadãos são afrontados por discursos quase delirantes que expressamente as negam e com a total falta de medidas punitivas, apesar das grandes encenações públicas em torno das investigações. Tudo leva a crer que as decisões são tomadas conspiratoriamente, ou seja, em negociações secretas nas quais grupos de poder fazem acertos sem dar satisfações aos cidadãos, como deveria ser. O outro exemplo ocorre nos Estados Unidos, o que mostra que tal problema não se dá apenas nos países da periferia do mundo, como é o nosso caso. Ali, o presidente Bush foi eleito de forma fraudulenta e tem levado o país a guerras, como a do Afeganistão e a do Iraque, baseado em comprovadas mentiras. Nos dois casos, às mentiras sistematicamente sustentadas se contrapõem realidades mantidas em segredo em função de fortes interesses em jogo e que eventualmente vêm à tona por motivos alheios aos que estão no poder.

Assim, já não é tão fácil rotular de paranoico quem imagina que o poder é exercido por pequenos grupos que representam não o povo e sim grandes interesses econômicos, realizando acordos e alianças secretas, sem nenhuma transparência, de uma forma muito distante dos ideais democráticos nos quais ingenuamente insistimos em acreditar.

O *Código Da Vinci,* ao veicular uma versão conspiratória da história, expressa uma característica do *Zeitgeist* no qual estamos imersos.

Livros citados

FREUD, Sigmund. O futuro de uma ilusão. In: *Edição Standard Brasileira das Obras Psicológicas Completas*. Vol. XXI. Rio de Janeiro: Imago, 1974.

_____. Romances Familiares. In: *Edição Standard Brasileira das Obras Psicológicas Completas*. Vol. IX. Rio de Janeiro: Imago, 1976

RANK, Otto. *El mito del nascimiento del heroe*. Buenos Aires: Paidós, 1961.

Babel, de Alejandro González Iñárritu (2006)[1]

Vencedor do Oscar e de muitos outros prêmios, *Babel* – dirigido por Iñárritu a partir de um roteiro original de Guillermo Arriaga – mostra uma visão globalizada deste nosso mundo plugado em comunicação instantânea e que comporta realidades sóoioculturais tão diferentes como as existentes no Marrocos, no México, nos Estados Unidos e no Japão. Não obstante, nelas persiste a mesma realidade humana, escondida e camuflada atrás da multiplicidade de línguas e costumes.

Nos quatro universos culturais, um traço é comum a todos. Nos momentos em que a realidade externa mais os ameaça, os

---

[1] Apresentado no programa "A Palavra de Quem Decide" – Rádio Eldorado AM, São Paulo, em 16/06/07.

personagens se voltam para seus sentimentos mais íntimos, revelando a importância de sua vida psíquica e das relações afetivas.

Ao serem atacados pela polícia, os meninos marroquinos confessam ao pai os desejos incestuosos que os assediam; a mulher americana, ferida gravemente, finalmente fala de sua culpa frente à morte do filho; a empregada mexicana arrisca tudo para não perder a festa de casamento do filho, onde encontra um velho amor; e a menina surda-muda japonesa quer transar a qualquer preço para ser aceita por seu grupo, além de se mostrar presa ao trauma causado pelo suicídio da mãe.

Outro elemento universal de *Babel* deriva de seu próprio título. Além da "confusão de línguas", o filme fala do mal-entendido essencial próprio às relações pessoais. Como dizia Lacan, o surpreendente na humanidade não é que haja mal-entendidos, é que – apesar deles – seja possível qualquer entendimento.

Uma visão estreitamente política reduziria a ação a um conflito entre os povos pobres e os ricos.

De fato, das quatro etnias ou grupos culturais, aparentemente os ricos (americanos e japoneses) são mais poupados, enquanto os mais pobres (marroquinos e mexicanos) se ferram totalmente.

Isso seria correto se esquecêssemos da presença da morte, distribuída equitativamente entre pobres e ricos.

Os americanos e japoneses, com toda sua riqueza, choram suas perdas – o filho dos americanos, a mulher do japonês.

Mas a morte cobra sua quota também no grupo dos pobres, levando o filho do marroquino.

Nesses nossos tempos regidos pela plutocracia e pela corrupção generalizada, parece que somente a morte é a exceção, é a que não se vende, é a que ninguém pode comprar.

Último acréscimo ao aspecto político de *Babel*. Ali é feita uma distinção importante entre os fatos e a manipulação política em torno deles. O que, efetivamente, foi um lamentável acidente é transformado pelo poder em perigoso atentado terrorista, com todas as implicações daí decorrentes. Sob essa perspectiva, o filme faz uma critica direta à política belicista da era Bush.

Volver, de Pedro Almodóvar (2006)[1]

Em *Volver*, filme de Almodóvar indicado ao Oscar e vencedor de vários prêmios, reencontramos elementos típicos de seu universo ficcional – um mundo povoado por mulheres fortes e decididas que não necessitam dos homens. A linda Penélope Cruz faz o papel de Raimunda, esposa de um operário desempregado e mãe de uma adolescente. Raimunda mora em Madrid, assim como sua irmã cabeleireira. Voltam à aldeia natal para o enterro da tia, quando se deparam com o suposto fantasma da mãe desaparecida anos antes.

---
[1] Apresentado no programa "A Palavra de Quem Decide", Rádio Eldorado AM, São Paulo, em 23/06/07.

No povoado, situado na região do canal da Mancha, terra natal de Almodóvar, três gerações de mulheres enfrentam antigos segredos familiares.

Nestas famílias, os pais não são os representantes e guardiões da Lei, não são responsáveis pela função paterna. Pelo contrário, são pais perversos e, como tal, recebem a merecida punição – são eliminados por suas vítimas.

Nestas famílias, o incesto ocorre em sucessivas gerações, suscitando vinganças mortais.

Na ausência da Lei, nestas famílias se instaura o salve-se quem puder, o olho por olho, dente por dente, ocasionando assassinatos, culpas e vergonhas inomináveis.

Uma cena chama a atenção. Chegando ao velório da tia, a irmã de Raimunda entra inadvertidamente num aposento onde se encontram somente os homens. Sem uma palavra, ela recua e se dirige a outra dependência da casa, ocupada exclusivamente por mulheres. Os dois aposentos não se comunicam diretamente, estão separados por uma cortina fechada.

Os mundos masculino e feminino não se comunicam, são espaços estanques, separados. E quando se aproximam, não ocorre uma interação amorosa e produtiva, e sim a violência, a agressão e o incesto.

Assim, disfarçado pelo tom leve e farsesco escolhido por Almodóvar, *Volver* mostra uma visão sombria das relações familiares e da eterna guerra entre os sexos, ainda que reveladora das fantasias inconscientes de amor e ódio próprias dessas relações.

Segredos da noite
(*The Night Listener*, de Patrick Stettner, 2006)

Algumas ideias sobre a autoria de uma obra literária

Em 1995, o mundo editorial viveu um momento de grande excitação com o lançamento do livro *Bruchstücke. Aus einer Kindheit 1939-1948 (Fragmentos: memórias de uma infância em tempos de guerra 1939-1948)*, escrito por Binjamin Wilkomirski. Tratava-se das memórias de um sobrevivente dos campos de concentração nazistas, relatando os terrores inomináveis pelos quais havia passado enquanto criança e sua epopeia para sobreviver até ser adotado por suíços.

O livro logo foi apontado como uma obra-prima, os talentos do escritor foram louvados e elevados ao grau de franca genialidade. Como se tratava de mais uma obra de sobrevivente do Shoah, foi equiparada às de Primo Levi, Elie Wiesel ou Anne Frank, recebendo o apoio das grandes instituições judaicas internacionais, que ajudaram a promover o livro mundialmente.

Quando a coisa estava nesse ponto, algumas dúvidas sobre a autenticidade do relato começaram a surgir e que foram negadas com veemência pela editora. Em pouco tempo descobriu-se que o autor não era judeu e nunca estivera num campo de concentração. Era um suíço filho de mãe solteira que o abandonara num orfanato e que fora adotado por um casal, com o qual vivera uma pacata vida burguesa até o lançamento de seu livro.

A descoberta causou um imenso constrangimento, especialmente entre as instituições judaicas que não só haviam dado grande apoio à divulgação do livro, como o apresentavam como uma obra comparável às de Homero, Cervantes e Shakespeare.

Constatou-se posteriormente que a editora sempre soubera que se tratava de uma obra de ficção e não um registro autobiográfico. Por esse motivo foi acusada de fraude e o livro foi relegado ao ostracismo. O acontecimento foi amplamente noticiado e pode ser rastreado com profundidade na internet.

O caso é muito interessante e serve para ilustrar uma quantidade de questões ligadas ao trauma e à criação literária.

Em primeiro lugar, aparece a questão da representação do trauma. Dentro da teorização psicanalítica, "trauma" é uma experiência que, por excesso ou déficit, transcende as possibilidades de integração e elaboração do ego. Isso faz com que ela se mantenha em estado bruto, não simbolizada, como um corpo estranho, provocando reações no psiquismo individual ou social.

Alguns pensam que o trauma, em sua violência inaudita, não pode nem deve ser representado. Deve continuar em sua realidade bruta, interrogando e inquietando. Os partidários destas ideias acreditam que qualquer tentativa de expressar e representar o trauma levaria a uma banalização ou trivialização que o diminuiria e descaracterizaria. A própria compreensão do trauma o anularia enquanto tal. Essas questões giram habitualmente em torno do Shoah, do Holocausto e da maneira como ele deve ser tratado. As atrocidades nazistas teriam sido de tal ordem que só podem suscitar-nos um aterrorizado silêncio.

Um exemplo recente disso pode ser encontrado nas discussões em torno do filme *A Queda – as últimas horas de Hitler* (*Der Untergang*), 2004, de Oliver Hisrschbiegel, que foi acusado de "humanizar" Hitler. Ao ser feita tal acusação, supõe-se que Hitler deveria continuar sendo visto como uma besta incompreensível, além de qualquer interpretação ou compreensão.

Discordo desta postura, pois ela tende à mitificação e à manipulação. Penso que não se pode "humanizar" Hitler pelo simples fato de ser ele um homem e foi exatamente enquanto homem que fez o que fez.

Terêncio dizia que nada do que é humano lhe poderia ser estranho e é a partir desta perspectiva que devemos encarar Hitler ou qualquer outro grande e aberrante criminoso. Somente assim podemo-nos perguntar o que o levou a realizar as ignomínias que fez e o que nos poupou de fazer o mesmo, já que somos todos homens e, como tal, feitos da mesma matéria – a mesma de que os sonhos também são feitos, como diria Shakespeare.

Por esse motivo, penso que a representação do trauma não deve ser impedida ou criticada. O trauma se constitui como tal exatamente por não ser representado e simbolizado, sendo a simbolização a única forma de elaborá-lo.

Os efeitos integradores e enriquecedores da representação e simbolização do trauma são evidentes a nível pessoal e social. Nestes processos, a arte ocupa um importante lugar.

Ao representar e simbolizar os grandes eventos existenciais e sociais, a arte cumpre com uma função que transcende a estética, permitindo que o homem possa entender melhor a si mesmo e ao meio em que se encontra.

Se considerarmos os modelos lacanianos que mostram a gênese do psiquismo como a defrontação com o vazio da Coisa perdida, o corte da fusão com a mãe, vazio este que para sempre tentaremos preencher com as palavras, palavras que estarão evocando, representando e simbolizando a Coisa perdida, podemos então entender toda representação e simbolização – sendo a linguagem a primeira delas e da qual partem todas as demais – como a tentativa de preencher esse vazio, de disfarçá-lo, de negá-lo.

A arte contemporânea, pós-moderna, que tanto nos incomoda com sua brusquidão e secura, parece querer mostrar exatamente o horror deste vazio, ao contrário de obturá-lo ou suprimi-lo com representações variadas.

A arte – e não a documentação histórica, o registro cartorial, o arquivo factual, sempre permeados pela ideologia e pelos jogos de poder – tem sido, na história da humanidade, o lugar mais próximo da verdade. Não que o artista não tenha suas próprias ideologias. Mas se ele é grande o suficiente, sua obra as transcende e mostra uma verdade humana que seria inapreensível de outro modo. O exemplo brasileiro mais expressivo é Nelson Rodrigues, que pessoalmente defendia posições de direita na época do Golpe de 1964, ao mesmo tempo que realizava uma obra revolucionária.

Que a arte pode representar e simbolizar o trauma e a catástrofe, o livro de Wilkomirski dá uma prova cabal. Entretanto, ao ser descoberto que o autor não era judeu e nunca estivera num campo de extermínio, ou seja, que sua obra não era um registro autobiográfico e sim uma ficção, ao invés disso ser considerado como evidência de seu grande talento literário, colocou-o em ostracismo. É evidente que critérios ideológicos e não literários foram decisivos para determinar este desfecho.

O tema de Wilkomirski (o holocausto, o Shoah) juntamente com os *gulags* implantados por Stalin e as duas grandes guerras mundiais são exemplos de traumas e catástrofes sociais de um passado relativamente recente. Hoje têm como contrapartida as grandes migrações que continuam a acontecer por guerra ou pobreza.

Essas experiências sociais traumáticas decorreram de complexos fatores socioeconômicos, nos quais a ideologia ocupa importante papel. A avaliação *a posteriori* destes traumas também fica dificultada em função dos fatores ideológicos.

Os antissemitas chegam a ponto de negar o genocídio dos judeus e veem sua intensa divulgação como prova do poder judaico nos meios de comunicação. Por outro lado, o relativo silêncio em torno do genocídio stalinista feito nos *gulags* é visto pelos anticomunistas mais ferrenhos como evidência do controle dos meios de comunicação pela esquerda, que durante muitos anos impediu a circulação de notícias sobre o terror na União Soviética e que, ainda hoje, após a queda do Muro de Berlin, recusa-se a encarar a falência da utopia socialista, temendo com isso fornecer munição para a direita mais retrógrada.

Fica clara a intervenção da ideologia na divulgação destes fatos, o que aponta para uma questão mais ampla – seria possível uma desinteressada divulgação da informação, não regida por interesses ideológicos? Os meios de comunicação de massa são, em última instância, meros instrumentos ideológicos?

Somente reconhecendo os determinantes ideológicos podemos analisá-los e desfazê-los, superando o impasse propagandístico entre a divulgação excessiva, o silêncio, a propositada distorção ou manipulação em torno dos acontecimentos.

Sem negar o aspecto ilusório e irrealístico próprios a toda e qualquer ideologia, é preciso salientar a diferença existente entre o nazismo e o stalinismo.

Se a ideologia nazista afirmava a primazia de uma determinada raça sobre todas as demais, que deviam ser por ela escravizadas ou eliminadas, essa ideologia parece muito mais louca e delirante do que aquela que imaginava uma sociedade sem classes, na qual a pobreza fosse erradicada e todos tivessem iguais oportunidades.

Talvez o nazismo pudesse ser caracterizado como uma ideologia narcísica, intolerante com a alteridade, que deve ser eliminada, e, por outro lado, o comunismo, do qual o stalinismo é um subproduto, como uma ideologia contrária, da integração da alteridade, num Estado que abrigasse e protegesse a todos com oportunidades iguais.

Mas, é claro, essa formulação pode ser entendida como produto da ideologia deste autor.

O fracasso dos movimentos políticos baseados nessas ideologias provocou grandes estragos na mente coletiva. Na Alemanha, ainda agora a lembrança do nazismo não foi inteiramente integrada, sendo fruto de vergonha e negações, ao que se soma um outro trauma mais recente, o da divisão do país num lado comunista e outro "livre". De parte do massacre russo, o fracasso do comunismo como regime real também está longe de ter sido elaborado pela esquerda, sendo esse provavelmente um dos motivos do silêncio sobre a dura implantação do regime na Rússia e o estabelecimento de um totalitarismo insuportável.

Falamos até agora de traumas e catástrofes sociais, mas os traumas podem ocorrer também em escala pessoal. São situações singulares, extraordinárias e insuportáveis, das quais tomamos conhecimento através dos relatos das pessoas que a elas sobreviveram.

Se Wilkomirski se configura como um caso psiquiátrico de distúrbio de identidade, ainda assim ele mostra de forma ampliada o que ocorre em menor escala com qualquer escritor. Durante a feitura de suas obras, os escritores vivem como que vidas paralelas, muitas vezes revivendo antigas situações traumáticas, produzindo com elas existências fictícias com as quais se sentem profundamente envolvidos e identificados.

Wilkomirski não é uma exceção. Há outros casos semelhantes ao seu, vários deles ocorridos nos Estados Unidos. Um deles é o de Anthony Godby Johnson. Antes de continuar, chamo a atenção para o segundo nome – "Godby" – que seria um arcaico anagrama de "God be with you" que posteriormente deu origem a "good bye"[1] e que literalmente poderia ser traduzido como "feito por Deus", "criado por Deus", "de autoria divina". Em 1993 – dois anos antes de Wilkomirski – Anthony Godby Johnson lançou o livro *A rock and a hard place – One boy's triumphant story.*

Tratava-se do relato de sevicias e abusos sofridos pelo autor e praticados por seus pais perversos que o usavam em orgias, vendendo-o para pedófilos na internet. A somatória de horrores desta história chamou a atenção da mídia, que lhe dedicou programas na televisão, como o da Oprah Winfrey. Era algo notável que alguém pudesse ter tido uma vida tão difícil, sofrido tão intensamente e ainda assim sobrevivido e conseguido escrever um livro. Vários jornalistas o procuraram para entrevistá-lo e se depararam com uma mulher, Vicki Johnson, que se apresentava como sua

---

[1] Disponível em: <http://www.surnamedb.com/Surname/Godby>.

terapeuta e protetora, impedindo qualquer contato direto com o autor. Alegava que as autoridades policiais haviam detido seus pais e o colocado sob proteção, pois era objeto de perseguição por parte de uma rede de pedófilos. Tal situação justificava o mistério que o rondava e sua inacessibilidade. Entretanto, o jornalista Armistead Maupin resolveu levar a fundo a investigação e descobriu que o autor não existia, era uma criação da própria Vicki Johnson.

Aqui também, como no caso de Wilkomirski, vemos a fusão do autor com sua obra e seu personagem, a ponto de criar um ser imaginário que transcende os limites da literatura e invade a própria realidade, gerando uma situação-limite entre a fraude, a mitomania, o delírio.

Esta história está ficcionalizada no filme *Segredos da noite* (*The Night Listener*), de 2006, dirigido por Patrick Stettner e estrelado por Robin Williams.

Wilkomisrki e Vicki Johnson expressariam em suas ficções este outro espaço da catástrofe, do desastre inominável que é uma infância abandonada, à mercê de pais – ou adultos que os substituam – incompetentes e incapazes de exercer as funções parentais indispensáveis para que o sujeito humano possa se constituir de forma integrada.

A infância enquanto catástrofe poderia ser detectada ainda num fenômeno editorial recente nos Estados Unidos. São as chamadas *misery memories*, nas quais seus autores relatam as lembranças das provações, sevícias e abusos sofridos em meio a um ambiente de penúria material e afetiva.

Seriam essas *misery memories* – e aqui mais uma vez nos deparamos com o encanto do autobiográfico, da exposição da vida própria – um sintoma do voyeurismo do público, do exibicionismo do autor, semelhante ao dos participantes de programas populares na televisão, nos quais as pessoas se dispõem a expor suas vísceras emocionais e situações penosas e vexatórias? Seria mais uma expressão da sociedade do espetáculo de Debord? Ou seria um desvelamento da patologia familiar? Um abandono da idealização da estrutura familiar e um reconhecimento da patologia dos pais e da forma como essa patologia determina a estrutura de cada família e os destinos de seus filhos?

As *misery memories* e literatura correlata nos mostram que se deve evitar tanto a idealização da família e a consequente denegação de seus flagelos, quanto o excessivo aviltamento que nega seu estatuto de lugar indispensável para a constituição do sujeito.

Um dos elementos que caracterizam a pós-modernidade é a desconstrução de Derrida. A desconstrução do mito familiar não implica sua destruição. Derrida dizia que só desconstruía aquilo que gostava ou admirava. A desconstrução implica uma nova visão, uma retomada de questões tidas como estabelecidas.

Como vimos, o livro de Wilkomirski foi considerado uma fraude. Isso levanta questões pertinentes à relação entre a criação literária e a verdade.

Em seu caso, como já vimos, a fraude se configura pela forma como a editora o apresentou, caracterizando-a como uma autobiografia, uma obra baseada em fatos reais, quando tinha conhecimento que era uma obra de ficção.

Somente sob este aspecto a obra de Wilkomirski pode ser considerada fraudulenta, pois seu contato com a verdade não pode ser traçada por sua relação com a realidade, desde que as obras de arte se aproximam da verdade através da ficção e esta não pode ser equiparada à mentira.

Assim, as obras de arte não apenas simbolizam e representam experiências traumáticas, criando-lhes novos significantes, como estabelecem um contato mais próximo com a verdade.

Se factualmente Wilkomirski não foi uma criança que esteve nos campos de concentração onde teria sofrido grandes horrores, sabe-se que é filho de mãe solteira que o abandonou num orfanato, de onde, anos depois, foi resgatado pelo abastado casal suíço que o adotou. Os horrores emocionais que teria sofrido nesta infância abandonada, ele os reveste da encenação dos campos de concentração, mas a descrição interna do sofrimento não seria verdadeira?

Neste sentido, é muito significativo o pseudônimo "Wilkomirski" escolhido por Bruno Grosjean Dössekker, seu nome verdadeiro. É um claro derivativo de "Wilkomen" que em alemão, sua língua natal, significa "bem-vindo" – justamente o que ele, filho rejeitado de mãe solteira, nunca o foi.

São complexas as relações entre biografia, autobiografia e ficção. Que um autor apresente uma obra ficcional como uma autobiografia não é novidade no mundo literário, como bem o ilustra o *Autobiografia de Alice B. Toklas*, de Gertrude Stein. Freud fala do caráter ficcional de toda biografia e Derrida aborda extensamente a questão ao mostrar, por exemplo, como Nietzsche escreveu sua biografia para contar a própria história para si mesmo[2].

O grande público talvez valorize mais as biografias e autobiografias do que os trabalhos de ficção por ignorar o caráter ficcional nelas presente.

As biografias ou autobiografias só podem ser levadas a sério na medida em que se ignora a divisão do psiquismo descoberta pela psicanálise, que faz com que o eu seja um desconhecido para si mesmo. No sujeito existe uma dimensão inconsciente da qual ele não tem conhecimento, apesar da decisiva importância que ela

---

[2] DERRIDA, Jacques. Otobiographies: the teaching of Nietzsche and the politics of the proper name. In: *The Ear of the Other*. Lincoln, USA:University of Nebraska Press, 1988.

exerce em todos os seus atos, que ele orgulhosa e equivocadamente pensa decorrerem de seu livre arbítrio.

Freud afirmava que os casos mais patológicos instruem sobre a "normalidade", na medida em que neles estão expostos abertamente mecanismos que no "normal" estão encobertos e disfarçados. Por esse motivo, o caso Wilkomirski ilustra ainda um outro aspecto da criação literária – a relação do autor com sua obra, com seus personagens.

A psicanálise articulou de maneira magistral intuições há muito obtidas por escritores. Com a psicanálise, entende-se como a produção artística decorre da fantasia e do desejo inconscientes, dados comuns a todos os homens, sendo que com tais elementos a maioria produz sintomas, enquanto o artista produz arte.

Assim, os artistas, especialmente os escritores, criam seus personagens a partir de determinadas vivências, fantasias, construções, transcendendo o relato biográfico ao recriá-lo dentro de padrões estéticos estabelecidos por ele respeitados ou deliberadamente rompidos, o que promove avanços formais na representação artística.

Na maioria das vezes, o autor se desprende de seus personagens e criações, para tanto elaborando um luto. Ao criar e tornar pública sua obra, o artista a perde e não mais pode controlar seu destino. Aqui também a contribuição de Derrida é fundamental, ao mostrar a ambígua situação que faz com que os leitores recriem a obra, ao desconstruírem-na diferentemente dos anseios e expectativas do autor. Por outro lado, lembra ele, deve-se pensar no legado do autor, na forma como sua produção pode ser mal-entendida ou distorcida, como ocorreu com Nietzsche lido pelos nazistas e, numa medida menos dramática, a obra de Freud, tão divulgada e, de certa forma, tão desconhecida.

Autores como Wilkomirski e Johnson estão identificados de tal maneira com seus personagens que deles não mais se discriminam, neles se transformam, passam a *ser* seus personagens. Ao contrário dos demais, um autor assim não consegue fazer o luto pelo personagem e pela obra, misturando-se com ela de forma indiscriminada.

A identificação de Wilkomirski com os personagens ou, dizendo de outra maneira, a projeção que faz nos personagens de seus aspectos biográficos existenciais, é ilustrativa dos mecanismos de criação literária, inclusive na elaboração de traumas pessoais advindos de seu passado, fundindo ficção e biografia[3].

---

[3] Como complementação, sugiro a leitura de minha resenha do livro *Catástrofe e Representação*, organizado por Arthur Nestrovski e Márcio Seligman-Silva. São Paulo: Escuta, 2000, publicada em <http://www.polbr.med.br/ano01/psi0501.php>.

O labirinto do fauno (*El Laberinto del Fauno*), de Guillermo del Toro (2006)[1]

O filme de Guillermo del Toro ganhou três *Oscars* – Direção de Arte, Cinematografia, Maquiagem – e concorreu ainda nas categorias de Melhor Filme Estrangeiro, Música e Roteiro Original.

Guillermo del Toro entrelaça duas narrativas de diferentes registros, o realista e o fabuloso próprio dos contos de fadas, conseguindo explicitar desta forma profundos conflitos psíquicos que estão na base da violência e da destrutividade.

O filme começa com uma voz que conta a história de um antigo reino cuja princesa, de nome Moana, fugira para o mundo

---

[1] Publicado em "Totem e tabu", vol.1, n. 1, *Terceira Margem*, São Paulo, 2007

dos homens apesar da vigilância de seu pai, o rei. Ali, esquecera sua origem e perdera a imortalidade. Seu inconsolável pai a esperara e acreditara que um dia ela voltaria.

Após esta introdução típica dos contos de fadas, vem uma narrativa de cunho realista.

A ação se passa em 1944, na Espanha. Capitão Vidal, oficial franquista comandante de um posto militar sediado num velho moinho, enfrenta as escaramuças de guerrilheiros oposicionistas. Aguarda a chegada de sua mulher grávida, que vem na companhia de Ofélia, sua filha de nove anos, fruto de um casamento anterior.

Capitão Vidal encarna a empáfia e a onipotência característica dos prepostos do totalitarismo e das ditaduras. Com mão de ferro, ele tenta esmagar a oposição armada. Sob este aspecto, o filme segue as peripécias características próprias desse gênero, com cenas de lutas, heroísmo, violências etc.

Capitão Vidal maltrata e despreza tanto a mulher como a enteada. Está interessado exclusivamente na criança que vai nascer e que ele não admite que possa não ser do sexo masculino. Quando o trabalho de parto se complica, Capitão Vidal não hesita em sacrificar a mulher para ficar com o filho.

A outra narrativa paralela segue a sonhadora Ofélia, que viaja cercada de livros de fadas. Chegando ao moinho, Ofélia encontra uma pedra no chão, que ela encaixa num velho monumento. Ao fazer isso, desperta seres mágicos que a acompanham até a casa. Ofélia imediatamente se indispõe com o Capitão, recusando-se a chamá-lo de pai. Em seguida, recrimina a mãe por ter casado novamente, alegando que ela (a mãe) "nunca estivera sozinha", pois sempre ficara a seu lado como filha. Logo mais, os seres mágicos a levam a um labirinto existente no jardim. Ali descobre uma escada que a conduz para um lugar secreto, onde encontra um fauno. Ele a identifica como a princesa Moana que fugira e que agora voltara para salvar a todos, no último dos portais deixados por seu desconsolado pai.

Para provar que ainda é um deles, Ofélia-Moana deve cumprir com três tarefas que o fauno lhe apresenta.

A primeira é recuperar uma chave mágica que fora roubada por um Sapo. Para tanto ela deve matá-lo, fazendo-o ingerir três pedras mágicas. O Sapo encontra-se nas raízes de uma grande árvore da floresta, cuja vitalidade está ameaçada pela grande voracidade dele. A entrada da árvore lembra uma vagina aberta e sua copa evoca a imagem das trompas de Falópio – estruturas anatômicas que ligam os ovários ao útero.

Para encontrar o Sapo, Ofélia tem de rastejar pela imunda abertura que desce para as profundezas da terra. Ela o enfrenta, dizendo não temê-lo e o censura, indagando se ele não se acanha de ficar ali comendo e engordando, provocando com isso a morte da árvore. O Sapo engole as pedras, o que o faz regurgitar o que estava em seu interior. A regurgitação lembra muito a cena de um parto. O Sapo abre uma imensa boca e de lá vai surgindo um grande saco gosmento que ao ser totalmente expelido provoca sua morte. No saco expelido está a chave mágica procurada.

A segunda tarefa dada pelo fauno a Ofélia é penetrar num lugar cujo acesso é proporcionado por um giz mágico que lhe abre a porta secreta. Em lá estando, ela deve resgatar um punhal mágico guardado num cofre a ser aberto com a chave regurgitada pelo Sapo. O fauno a adverte que verá um lauto banquete exposto, mas que não deve comer absolutamente nada. Ofélia entra no recinto mágico, vê que há uma mesa posta com muitas iguarias, à cabeceira da qual está uma estranha figura, um monstro. Enquanto passeia pelo lugar, vê imagens pintadas nas paredes e no teto que mostram o tal monstro devorando criancinhas, fato comprovado pela existência de roupas e sapatos infantis amontoados pelo lugar. O monstro está dormindo e assim fica até ser despertado pela desobediência de Ofélia que, não seguindo as severas ordens do fauno nem os avisos das pequenas fadas que a acompanham, termina por ceder ao desejo de comer e tira umas uvas da mesa. Imediatamente o monstro desperta e a persegue. Ofélia consegue fugir, mas uma das pequenas fadas é por ele devorada.

Ao regressar, é censurada pelo fauno, que a acusa de ter estragado tudo. Mesmo assim, fica penalizado com a angústia de Ofélia frente à saúde cada vez mais frágil de sua mãe e lhe dá um remédio mágico – uma mandrágora, que deve ser alimentada com gotas de sangue e leite. Ofélia segue as instruções e a mãe melhora bastante. Entretanto, o Capitão Vidal descobre o feitiço e o destrói, precipitando o parto e a morte da mulher.

Com a morte da mãe, Ofélia se apoia na empregada de confiança do Capitão Vidal, que, na verdade, é irmã do líder guerrilheiro e age como espiã ali dentro. Ao ser descoberta, tenta fugir e é salva no último instante pela milícia comandada pelo irmão.

O fauno procura Ofélia mais uma vez, oferecendo-lhe uma última chance. Ordena-lhe trazer seu irmãozinho recém-nascido – zelosamente guardado pelo pai – até o labirinto, coisa que ela faz, para ali saber que ele deveria ser sacrificado, pois é necessário que jorre o sangue de um inocente para o resgate de todo o mundo perdido da Princesa Moana. Ofélia não permite tal coisa e termina por ser atingida por uma bala disparada pelo Capitão Vidal que, tentando resgatar o filho, vinha em seu encalço.

Sangrando com o tiro, Ofélia descobre que seu próprio sangue inocente tem o mesmo efeito que o do irmãozinho, pois lhe abre as portas de uma outra dimensão, onde reencontra os pais falecidos, agora entronados como poderosos reis, cercados por uma corte num magnífico palácio. Ofélia é convidada a ocupar um pequeno trono entre os grandes tronos do rei e da rainha.

O filme oferece inúmeras possibilidades de interpretação. A primeira delas entenderia as duas histórias paralelas como a fuga de Ofélia para um mundo de fantasias ao ter de enfrentar as agruras da mudança, a solidão no moinho, a brutalidade do padrasto, a doença e morte da mãe. Seu desamparo frente a tantas desgraças a faz fantasiar ser uma importante princesa, tendo de ser testada em sua coragem e capacidade de sobrevivência num meio hostil.

Uma outra veria a sobreposição das histórias como uma metáfora do que ocorreu efetivamente na Espanha, pois não só os comunistas foram esmagados, como Franco ficou no poder até a década de 70, quando o regime político mudou e os reis foram finalmente colocados no poder. Até lá, a oposição e os sonhos de liberdade tiveram de se recolher à clandestinidade, fugir para um mundo subterrâneo, esperando dias melhores para voltar à superfície.

Neste sentido, é significativa a resposta dada pelos guerrilheiros ao último pedido do Capitão Vidal feito antes de ser abatido. Ele pede que contem ao filho a forma heroica com a qual enfrentou a morte, tal como lhe contaram da morte heroica do pai numa guerra anterior da Espanha, aquela contra o Marrocos. Os guerrilheiros lhe respondem que seu filho não saberá sequer o nome do pai. A negação da paternidade, a impossibilidade de conhecer o nome do pai, poderia ser entendida como expressão da dificuldade dos espanhóis lidarem com o passado franquista, com a "paternidade" de Franco, que exerceu por tanto tempo o poder sem enfrentar grandes oposições e com o pleno apoio da Igreja Católica.

Os conhecimentos psicanalíticos possibilitam uma outra interpretação.

Se nos lembrarmos de que o filme começa com um narrador contando a história da princesa Moana, entendemos que o centro do enredo está em Ofélia.

O narrador conta que a princesa fugiu do reino paterno driblando a vigilância dos prepostos do rei, que ficou inconsolável, acreditando na volta da filha, para tanto deixando portais abertos pelo mundo inteiro. Tal situação indica o amor incestuoso do pai em relação à filha, impedindo-a de dele se desprender. A fuga da princesa Moana ou Ofélia apontaria para sua tentativa de fugir do amor incestuoso do pai, tal como ocorre nas versões mais antigas de Cinderela, relatadas por Bettelheim[2]. O filme se inicia, pois, expressando a franca eclosão dos desejos edipianos paternos.

Entretanto, vemos que Ofélia lamenta a morte do pai alfaiate, em cuja oficina Capitão Vidal encontra sua futura mulher e recrimina a mãe por ter casado novamente – "você nunca esteve sozinha", diz ela para a mãe. Desta forma, mostra Ofélia não aceitar o novo marido da mãe e ver de forma ambígua a gravidez por ele produzida.

Podemos entender os encontros de Ofélia com o fauno e seu labirinto como uma representação de suas tentativas de elaborar os conflitos edipianos e pré-edipianos.

O fauno é claramente um substituto do pai, um símbolo da sexualidade paterna com seus imensos chifres fálicos. Ele a culpabiliza, diz que sua fuga é responsável pela eventual destruição do reino mágico e exige sua volta, a retribuição de seu amor incestuoso.

As tarefas propostas pelo fauno têm vários significados. Em primeiro lugar, parecem ser uma punição. Por ter abandonado

---

[2] BETTELHEIM, Bruno. *The uses of enchantment:* the meaning and importance of fairy tales. New York: Vintage Books, 1977. p. 236-277.

o reino paterno, só pode a ele regressar depois de cumprir com várias penitências.

Por outro lado, a realização das tarefas simboliza a luta de Ofélia para controlar e manejar seus conflitos mais primitivos com a mãe, ligados a seus impulsos agressivos e destrutivos, de forte conotação oral. Eles são desencadeados pela visão do bebê no seio da mãe, intensamente invejado e objeto de seu ódio destrutivo. Isso fica evidente quando a vemos, a pedido da mãe, contar uma história para o bebê em seu útero. Ofélia conta a história de uma bela rosa mágica situada no alto de uma montanha, que pode dar o dom da imortalidade para aquele que a tocar. Mas seus espinhos venenosos enchem de temor os homens, que "preferem evitar a dor a ambicionar a imortalidade", deixando a rosa isolada e frustrada em sua capacidade de proporcionar a imortalidade. Tal conto ilustra bem os sentimentos de Ofélia frente ao bebê – a capacidade de amar, de "doar a imortalidade" é contrabalançada pelos desejos destrutivos e assassinos, simbolizados pelos espinhos envenenados que matam quem os tocar.

A primeira tarefa diz respeito ao Sapo que se instalou nas raízes de uma imensa e antiga árvore que abriga os seres da floresta e que a está destruindo. O Sapo precisa ser eliminado, somente assim a árvore poderá recuperar seu antigo vigor. Como já disse, a árvore lembra as trompas de Falópio e a abertura que dá acesso ao local onde o Sapo se encontra lembra uma vagina. O Sapo no interior da árvore evoca a imagem do irmão no útero da mãe, sobre quem Ofélia projeta sua própria voracidade destrutiva. É o irmão-Sapo quem está sugando a vida da mãe-árvore, colocando-a em risco, e não ela mesma, Ofélia. Aos ataques orais se somam os ataques anais, haja vista a sujeira na qual Ofélia se refestela até encontrar o Sapo. O Sapo morre em consequência de sua voracidade – não consegue evitar comer as pedras mágicas.

Por outro lado, a forma como o Sapo morre evoca um parto. É como se o Sapo também representasse a mãe, recebendo a morte como merecido castigo pelo fato de tê-la "abandonado", casando-se novamente e engravidando, além de não tê-la provido com o desejado pênis, na medida em que a fez mulher. Ofélia se apodera da chave mágica guardada no interior da mãe-Sapo, apossando-se do falo, ela que se deparara com o desprezo que o Capitão Vidal lhe devota e constatara o amor obsessivo com o qual ele aguardara a chegada de um filho homem.

A segunda tarefa ainda é mais explícita. No local onde Ofélia deve buscar o punhal mágico – mais uma representação simbólica do falo – é sua voracidade o que desperta o monstro voraz que devora criancinhas. Mais uma vez, Ofélia projeta no monstro seus ataques orais canibalescos contra o irmãozinho e à mãe.

A terceira tarefa – levar o irmão para o sacrifício final – revela de forma inequívoca seus desejos de destruí-lo, ainda que projetados no fauno, ficando ela com o papel de vítima bondosa que se sacrifica em prol do irmão.

A morte de Ofélia pode ser entendida como a punição necessária frente a seus desejos destrutivos dirigidos contra os pais e o irmãozinho. Lembremos que ela havia fugido do reino e com isso tinha colocado em risco a vida dos pais e de todo o reino. Sua fuga fora causada pelo amor incestuoso que o pai lhe dirigia, o que a fazia triunfante frente à mãe enquanto rival edipiana. Mas seus conflitos com a mãe têm uma conotação ainda mais primitiva, na medida em que o outro casamento e a nova gravidez da mãe estimulam seus ataques sádico-orais, colocando em risco sua relação narcísica primária idealizada com ela. Sua morte é, assim, a punição desejada e merecida que permite uma reparação de um reino ideal com o pai, a mãe e ela como uma eterna princesinha – e livre do irmão.

Sob esta perspectiva, o final da história implica um movimento regressivo por parte de Ofélia. Sela o fracasso de sua tentativa de constituir vida autônoma e exogâmica, fadada que está a retornar para o interior do triângulo edipiano.

Em *O labirinto do fauno* Guillermo del Toro mostra a história de fadas como um idílico contraponto à efetiva violência exposta na guerra dos franquistas contra os comunistas.

Mas, como estamos vendo, o que seria um "idílico contraponto", na verdade expressa conflitos de extrema violência em nível psíquico. Isso faz com que *O labirinto do fauno* seja um filme que versa basicamente sobre a violência – sobre a gênese inconsciente da violência e sua posterior expressão atuada em comportamentos destrutivos como os da guerra.

A violência e destrutividade humanas têm origem nos momentos mais precoces do psiquismo – no rompimento da relação narcísica fusional primária com a mãe e nos ciúmes com os rivais, circunstâncias que nos fazem deparar com a insuportável vivência do desamparo e os ódios contra aqueles que são, em nossa fantasia, por ele responsáveis.

Psicanaliticamente, a violência da guerra, a violência de Capitão Vidal, a violência dos adultos, repousa originariamente nos conflitos infantis mais regressivos, ilustrados pelas situações vividas por Ofélia.

Capitão Vidal, por sua vez, mostra a onipotência que os chefes militares assumem em determinadas situações – eles matam impunemente e sem a menor culpa, a seu bel-prazer, não tolerando frustrações ou humilhações, destruindo impiedosamente seus reais ou supostos rivais e opositores. Tais figuras encarnam perfeitamente o ideal narcísico que não tolera o Outro, desde que qualquer alteridade o coloca em questão.

Por outro lado, é interessante que a cena de guerra escolhida tenha sido a da guerra civil espanhola, uma guerra entre irmãos, o que aproxima ainda mais com a contrapartida de Ofélia, que está em luta contra o irmão, ou, melhor dizendo, contra seus impulsos destrutivos dirigidos ao irmão.

Que Guillermo del Toro possa ter juntado todos esses elementos sem necessariamente ter consciência do que estava fazendo, ilustra a afirmação de Freud de que os artistas criadores têm uma intimidade intuitiva com o Inconsciente. Del Toro se aproxima muito dos contos de fadas – cuja riqueza foi descrita por Bruno Bettelheim no magistral livro *A psicanálise dos contos de fadas* (Editora Paz e Terra).

É lamentável que os contos de fadas estejam atualmente no ostracismo. Muitas mães e educadores acham-nos excessivamente violentos e deles fazem versões politicamente corretas. Ignoram que, com isso, destroem justamente aquilo que neles é o mais valioso – a possibilidade de simbolizar e representar a agressividade e destrutividade mais arcaicas, aquelas que se originam na mais remota infância.

Jogo subterrâneo, de Roberto Gervitz (2005)

Jogo subterrâneo, o belo filme de Roberto Gervitz, recebeu muitos prêmios, como o Prêmio Especial do Júri no Festival Internacional de Palm Springs (USA, 2006), Melhor Trilha Musical no Festival del Nuevo Cine Latinoamericano – Cuba (2005), Melhor Montagem no Festival del Nuevo Cine Latioamericano – Cuba (2005), Melhor Montagem no 10º Festival de Cinema de Miami – USA (2006), Prêmio de Melhor Direção no Festival Internacional Cinema Novo –Bélgica (2006) e Prêmio de Melhor Fotografia no II Prêmio Fiesp/Sesi do Cinema Paulista (2006).

Baseado no conto "Manuscrito encontrado em um bolso", de Julio Cortázar, conta a história de Martin, um homem que procura o amor usando um complicado ritual por ele inventado, graças ao qual se envolve com algumas mulheres. Uma delas é Tânia, tatuadora, mãe de uma filha autista. Outra é Laura, uma cega a quem relata os progressos de sua busca como se fossem de um terceiro. É quando aparece Ana, que rompe completamente com os rituais de seu jogo.

A conduta de Martin ilustra com propriedade vários aspectos do comportamento obsessivo. Fixado ou regredido à fase anal do desenvolvimento da libido, o obsessivo não elabora de forma adequada seu complexo de Édipo. Está mergulhado na relação com a mãe, a quem ama e odeia intensamente. Se durante a própria fase oral já intuíra que não fazia com a mãe uma unidade indivisível, pois muitas vezes ela estava longe e não lhe proporcionava imediatas gratificações em termos de alimentação (não lhe dava o desejado seio) ou cuidados gerais (não trocava suas fraldas, deixando-a com fezes e urina irritantes para sua pele), esta intuição adquire uma nova intensidade ao perceber que ela tem desejos opostos ao dele, impondo-lhe o controle dos esfíncteres, afrontando diretamente sua onipotência e ferindo-lhe o narcisismo.

A partir deste momento, ora ele obedece às imposições da mãe, fazendo de seus dejetos uma oferenda de amor para ela, ora a desafia, transformando-os em ataques violentos e destrutivos. Desta maneira, o obsessivo se debate em meio a intensa ambivalência de afetos. Essa ambivalência faz com que se instale uma dúvida central – ele não sabe se ama ou se odeia, se com seus atos quer expressar o amor ou o ódio direcionados tanto à mãe quanto ao pai, visto como aquele que goza e impede seu gozo, um pai que com truculência lhe rouba a mãe, um pai poderoso e ameaçador como aquele descrito por Freud em *Totem e tabu*, o pai da horda primitiva.

A intensidade do conflito afetivo do obsessivo toma grandes proporções e invade completamente sua vida. Uma das consequências disso é a paralisia. O obsessivo teme tomar qualquer decisão, fazer qualquer escolha, pois nunca sabe se essa decisão ou escolha é uma expressão de amor ou o desejo de morte contra pessoas às quais está ligado afetivamente.

A intensidade da ambivalência faz também com que o obsessivo precise conter ao máximo seus afetos. Ele se finge de morto para não ser tomado pela intensidade de seus sentimentos, para não cometer o incesto, para não matar ou ser morto em função das vinganças que seu ódio poderia suscitar.

Uma solução encontrada pelo obsessivo, em função de seu pensamento mágico e onipotente, é criar um ritual onde, de alguma forma, consulta um oráculo sobre a realização de qualquer de seus desejos. Não podendo assumi-los diretamente por sua conotação incestuosa ou agressiva, ele quer, com o ritual, receber uma permissão, uma autorização para realizar aquilo que sente ser proibido e condenável. Ao mesmo tempo, esse ritual de consulta ao oráculo é também uma provocação, um desafio aos poderes superiores representantes do pai. Com isso, ele quer forçar uma aprovação que o alivie da culpa e temor de castigo, bem como se eximir de qualquer responsabilidade sobre suas escolhas. Frente às acusações e censuras internas, ele poderia se defender, alegando ter obedecido ao oráculo, não ter agido de moto próprio. A atitude do obsessivo frente ao oráculo é semelhante à do jogador frente aos jogos de azar – também o jogador simultaneamente desafia e se submete ao "destino", entendido como um representante do pai.

É desta forma que devemos entender o ritual inventado por Martin para encontrar a mulher de seus sonhos. Ele não a busca ativamente, diretamente. Ele consulta um oráculo, que lhe dirá o que fazer. De olhos vendados, aponta às cegas para um mapa das estações do metrô e aquela mais próxima ao local onde seu dedo pousou é entendida como a resposta e a permissão para ali buscar a mulher amada. Dirige-se àquela estação e lá escolhe uma das passageiras, a quem atribui um nome e um destino. Caso essa mulher cumpra com o roteiro por ele imaginado – uma manifestação do pensamento mágico do obsessivo – isso seria a prova de que o oráculo lhe destinara tal mulher, de que ambos teriam o mesmo "destino".

Martin segue esta rotina compulsiva até encontrar Ana. Um indício de que ela o toca de maneira especial é o fato de que, já de início, ele quebra as regras do ritual. Martin – ao contrário do que sempre fazia – não lhe dá um nome imaginário e no momento em que ela não segue com o roteiro previamente estabelecido por seu pensamento mágico, continua a segui-la, ao contrário do que supostamente deveria fazer. Com isso, o ritual está definitivamente comprometido. Daí em diante, Martin se deixa levar pelo vaivém de Ana. Várias vezes tentará retomar o jogo, sem sucesso.

Se Martin mostra fortes características obsessivas, Ana, por sua vez, mostra pronunciados traços histéricos. Alegando temer se apaixonar por Martin, não se entrega sexualmente. Com isso, Ana executa o balé histérico de sistematicamente seduzir e abandonar, ao qual o obsessivo Martin se sujeita.

Ambos estão presos à compulsão à repetição em seus papéis.

Martin é pianista e a música parece ser um dos poucos canais por onde pode deixar fluir suas emoções. É através dela que conseguiu se comunicar com Vitória, a filha autista de Tânia. E é Vitória quem o encontra tocando flauta no metrô, em profunda depressão após mais um rompimento com Ana. Vitória lhe toma a flauta e sai com a mãe, que nada percebe deste encontro da filha.

De alguma forma, este gesto de Vitória tem um profundo efeito sobre Martin. Suas emoções podem agora circular diretamente, não necessitam ficar confinadas à expressão musical. Ele pode sentir que ama Ana e partir em sua busca, no lugar onde supõe que ela esteja. Não é mais o oráculo, o acaso, quem toma suas decisões. Agora ele, consciente e deliberadamente, vai atrás da mulher que deseja.

Ao agir assim, Martin rompe com seu ritual obsessivo, pode assumir seu desejo sem vivê-lo dentro da ambivalência ou como algo proibido e passível de penas de morte. Com isso, sai da paralisia e pode se arriscar a efetivamente viver. Martin não precisa mais do jogo, das defesas onipotentes do pensamento mágico, do controle obsessivo dos próprios afetos e da realidade. Pode encontrar uma mulher sem confundi-la com a mãe, liberando-se assim da temida ira paterna.

Ana sai da compulsão à repetição ao abandonar definitivamente a prostituição e partir em busca do Porto Desejo. Martin vai ali encontrá-la, ao abandonar, por sua vez, o ritual do jogo com o qual pretendia se defender dos imprevistos da vida.

Em conversa pessoal, Gervitz, que escreveu o roteiro ao lado de Jorge Durán, diz que o final do conto de Cortázar difere do desfecho que ambos deram ao roteiro. No conto, Martin retoma seus compulsivos interesses pelo ritual, forçando Ana a acompanhá-lo. É como se voltassem à compulsão à repetição, o que o teria matado, a crer no titulo do conto – "Manuscrito encontrado em um bolso" -, que sugere um corpo morto. O final que Gervitz e Durán escolheram é menos sombrio. Mostra uma ruptura definitiva com a compulsão à repetição, o que dá a Martin e Ana a possibilidade de mudança e crescimento, de poder viver plenamente.

Jogo subterrâneo

Sobre *A vida secreta das palavras* (*La Vida Secreta de las Palabras*), de Isabel Coixet (2005)

O filme *A vida secreta das palavras* de Isabel Coixet apresenta uma densa trama emocional. Começa lentamente, seguindo a rígida rotina de Hanna, uma soturna operária de fábrica que usa aparelho para corrigir a surdez e que incomoda os colegas com seu isolamento. Um dia, Hanna é chamada pelo chefe e é por ele instada a tirar férias, o que ela não fazia há quatro anos. Ele lhe sugere uma praia tropical, com palmeiras. Hanna pergunta se seria obrigada a usar a piscina do hotel (depois entenderemos o irônico porquê de sua indagação) e escolhe uma praia chuvosa e fria para descansar, o contrário do sugerido pelo chefe. Ali, por acaso, toma conhecimento de que procuram uma enfermeira para cuidar de um homem que sofrera graves queimaduras num incêndio ocorrido numa plataforma de petróleo, situada em alto-mar. Hanna se oferece para o cargo e é aceita. É a primeira de uma série de revelações sobre a vida de Hanna, até então restrita à sua pobre rotina na fábrica, cumprida com um comportamento quase autístico.

Hanna descobre que desde o acidente que provocara as queimaduras em Josef e a morte de um outro homem, a plataforma está desativada, ali restando apenas sete funcionários que aguardam a transferência para outros postos.

Inicia-se um difícil relacionamento entre Hanna e Josef, que, além das queimaduras, está temporariamente cego. Ele tenta brincar e saber mais sobre a pessoa dela, sem muito sucesso. Uma das poucas informações que dela obtém refere-se a suas preferências alimentares, quando ela lhe relata sua ingestão cotidiana e imutável de arroz, frango e maçã. Josef diz não acreditar que ela se contente com uma dieta tão insípida quando há tantas comidas gostosas, passando a enumerar um apetitoso cardápio. Hanna nada fala, mas ao sair do quarto com os restos da comida dele na bandeja, senta-se no primeiro lugar disponível e come sofregamente. Um sinal de que Josef começa a lhe abrir o apetite para os prazeres da vida dos quais se tem abstido, embora o espectador não saiba ainda de seus motivos para tanto.

Da mesma forma, Hanna trava conhecimento com os demais ocupantes da plataforma. O mais velho deles lhe diz que as pessoas que ali estão gostam do isolamento, evitam o contato com outros seres humanos. Ele ainda lhe fala sobre o incêndio, ocorrido acidentalmente ao ser perfurada uma bolha de gás no fundo do mar. Mas diz também que o homem que morrera no incêndio não fora vitima do acidente. Na verdade, ele se suicidara jogando-se no fogo. Josef tentara salvá-lo, o que motivara suas queimaduras. Hanna descobre no celular de Josef uma mensagem de amor. Usando elementos desta mensagem, Hanna o leva a confessar ser o responsável pelo suicídio do amigo e companheiro da plataforma, pois lhe traíra a confiança e lhe roubara a mulher. Ao receber a confidência, Hanna conta de suas terríveis experiências traumáticas na guerra da Bósnia, onde fora estuprada e tivera o corpo cortado à faca, como provam as muitas cicatrizes por todo seu corpo. Essa informação esclarece e revela a ironia de sua pergunta sobre a obrigatoriedade do uso da piscina no hotel da praia tropical sugerido pelo chefe ao lhe impor um período de férias.

Essa troca de confidências os aproxima, proporcionando momentos de intimidade e mútua compaixão. Entretanto, ela logo se afasta e quando Josef é transferido para terra, não atende a seus pedidos para acompanhá-lo, deixando claro seu intuito de cortar a ligação que conseguiram estabelecer.

Entretanto, num ato falho, Hanna esquece sua própria mochila, na qual guardava objetos pessoais e as cartas da funcionária de uma instituição de amparo a traumatizados de guerra situada em Copenhagen, com quem mantinha um contato muito peculiar. Josef procura esta funcionária e tem as informações que possibilitam reencontrar Hanna, quando lhe propõe viverem juntos. Ela rejeita a proposta, dizendo que se a aceitasse poderia ocorrer de um dia chorar tanto que inundaria tudo com suas lágrimas, provocando uma destruição geral, afogando a todos. Josef responde que, caso isso acontecesse, não teria problema, pois já teria aprendido a nadar. Com isso, retoma uma conversa anterior com Hanna, na qual lhe dissera ter medo da água e não saber nadar, apesar de trabalhar numa plataforma batida diariamente por milhares de ondas. Nesta conversa, Josef se deixa levar pelas recordações da

A vida secreta das palavras 75

infância, falando de suas emoções quando via um programa de televisão – "Viagem ao fundo do mar" – que sempre o deixava apavorado, imaginando com terror os monstros que habitariam as profundezas abissais do oceano. Numa ocasião, sua família passara uma temporada na praia e o pai se irritara com sua recusa de entrar na água. Sem avaliar seus temores, o pai o obrigara a ir com ele num pedalinho e quando se afastaram da praia, o pai o jogara no mar. Em seu pânico, antes de desmaiar e acordar num hospital, Josef disse que julgara ver, enquanto afundava na água, um daqueles monstros temidos, uma espécie de polvo.

Tal resposta – o dizer que "aprenderia a nadar" – convence Hanna, pois vemos em seguida que os dois casaram e tiveram dois filhos.

Sublinharei alguns pontos que julgo merecerem uma análise mais detida.

Em primeiro lugar, vemos como as lesões no corpo de Hanna e de Josef remetem a seus traumas psíquicos.

Hanna é surda, Josef está cego – ambos percebem mal a realidade externa, presas que são dos terrores internos que os absorvem. Ambos têm marcas na pele – Hanna com as cicatrizes por todo o corpo dos abusos sofridos durante a guerra; Josef com as queimaduras do incêndio. São rupturas, efrações, rompimentos do envelope corporal, do eu-pele (Anzieu), evidências do trauma.

Entretanto, são traumas bem diferentes. O de Hanna remete a um grande trauma social, a barbárie das guerras étnicas, tão terríveis na África – dita "primitiva" ou "atrasada" por alguns para justificar a brutalidade inominável de seus massacres tribais – quanto na Europa, como vemos nestas situações de "purificação" ou "limpeza" étnica nos Bálcãs, na Iugoslávia, na Bósnia. O trauma de Josef aponta para um acontecimento ocorrido no âmbito do privado, da intimidade, das relações mais próximas. Hanna é uma vítima passiva da violência inominável externa da guerra, do uso da sexualidade como instrumento bélico em atuação nos estupros programados para destruir a moral e o orgulho dos povos conquistados. Josef é o agente ativo da violência, da destruição do casal e do suicídio do amigo. Hanna está ressentida e traumatizada, cheia de ódio e vontade de vingança contra as ignomínias das quais foi objeto, como aponta a funcionária da instituição de amparo a refugiados de guerra. Josef está corroído pela culpa e necessidade de punição, buscada em seu gesto de tentar resgatar o amigo suicida, ocasião em que sofre as queimaduras.

Entretanto, os aspectos de passividade (sofrer passivamente o trauma) como seria o caso de Hanna, ou de atividade (ser o agente do trauma), como parece Josef se enquadrar, mostram-se mais complexos quando vistos à luz dos fatores estritamente inconscientes.

Da parte de Josef, pode-se entender o contexto de seu comportamento como uma atualização do crime edipiano. Ele se intromete no meio de um casal, toma a mulher do homem (seu amigo) e o leva ao suicídio – em última instância, o mata. A dimensão edipiana remete diretamente a sua lembrança de infância, quando o pai o jogou no mar, episódio traumático e revelador do ódio do pai, pois se este joga o filho ao mar quando tanto ele como o filho não sabiam nadar, não configuraria isso um gesto filicida? A própria fobia à água, ao mar, que até aquele momento impedia Josef de nadar, remeteria ao desejo proibido de penetrar na mãe-mar? Suas fantasias terroríficas de encontrar monstros neste mar simbolizariam os pênis paternos que habitam a mãe-mar, como poderia pensar Melanie Klein?

Levando em conta o aspecto edipiano implícito no caso, o suicídio do amigo evocaria um triunfo sobre o pai, triunfo gerador de uma culpa insuportável. Não é à toa que, como Édipo, Josef está cego. Se todo o episódio é uma atualização do crime edípico, fica clara a força pulsional que o subjuga e domina. Tal concepção diminui a conotação de Josef como agente "ativo" no episódio, na medida em que sua suposta "atividade" mais poderia ser considerada uma atuação, pois decorre de uma sobredeterminação inconsciente e não de uma deliberação consciente. Josef fora subjugado pelo desejo inconsciente.

Da mesma forma poderíamos pensar a respeito do que aconteceu a Hanna. Ela estava longe de seu recanto natal, estudando numa cidade situada numa região não atingida pela guerra. Quando a situação política se agrava, a faculdade fecha as portas e ela – contra os conselhos de todos, que a advertiam a respeito dos perigos da guerra – se dirige para a zona de conflagração, com o intuito explícito de ficar com a família, que por ali morava. No trajeto, é barbaramente atacada pelos soldados. Chama à atenção a negação maciça que Hanna faz do perigo, a rejeição dos conselhos de todos para não entrar na zona de guerra, o que apontaria para uma motivação inconsciente, da qual não se apercebe. Por que Hanna age desta maneira? Por que se sente compelida a compartilhar os perigos e sofrimentos que os familiares estariam correndo? Seria por amor ou por culpa? Essa culpa e a necessidade de punição (finalmente recebida), por sua vez, apontariam para antigas ambivalências em relação à família?

Esta hipótese não deve ser confundida com uma culpabilização da vítima (Hanna) nem, muito menos, com a isenção de responsabilidade dos praticantes da violência. Em nenhum momento se nega a destrutividade brutal e ensandecida da guerra, os traumas decorrentes da violação dos corpos das mulheres e do corpo simbólico de uma comunidade ou etnia, a destruição deliberada de tudo aquilo que lhe é sagrado e merecedor de respeito. A guerra é uma liberação da pulsão de morte socialmente sancionada, acobertada de racionalizações conscientes de ordem econômica, política etc. É justamente pelo reconhecimento dos perigos desta realidade destrutiva que chama à atenção a atitude de Hanna, que a nega e cegamente se encaminha para o olho do furacão. O que a moveria a agir de modo tão autodestrutivo? Aparentemente lhe é insuportável estar a salvo, enquanto os familiares não estão. Daí ser possível falar numa culpa inconsciente em relação aos familiares, decorrente, provavelmente, de antigos conflitos.

Vemos assim como a maneira de lidar com um perigo externo pode ser condicionada pelos conflitos internos inconscientes. Enquanto Hanna, sem se dar conta, nega o perigo e a ele se expõe, outros o reconhecem e dele procuram se defender, como aqueles que tentaram dissuadi-la de seu propósito.

Vemos ainda como também fica em cheque a condição de vítima passiva de uma situação traumática externa reivindicada por Hanna, pois ela ativamente procurou o perigo, talvez movida por desejos de punição. Se para Josef e Hanna os critérios de atividade e passividade frente ao trauma ficam relativizados, uma coisa eles teriam em comum – a culpa e a necessidade de punição.

Seguindo este raciocínio, vemos então que os traumas recentes reatualizam antigos traumas infantis em Josef e Hanna. Vê-se também que não é necessário ir à guerra para ficar traumatizado. A pulsão em si é traumatizante, assim como as vivências – especialmente as ocorridas na infância – com o outro.

Claro que essa formulação não nega que possam existir traumas desencadeados inteiramente por fatores externos e atuais, nos quais o acaso joga papel decisivo, sem que seja necessária a presença concomitante de antigos traumas reprimidos a serem neles reatualizados.

Não há um instrumento que meça a intensidade do trauma, dizendo onde um é mais doloroso e desorganizador que outro. Um trauma de guerra é pior do que um trauma privado, acontecido no seio da família ou entre amigos? O que seria pior para uma menina – ser estuprada pelo próprio pai ou por soldados estrangeiros? Uma pessoa que perdeu toda a sua família num acontecimento bélico, sobre o qual não teve nenhuma responsabilidade, sofrerá mais ou menos do que um homem que sabe ser o causador direto do suicídio de um amigo a quem traiu? Talvez uma conclusão a que podemos chegar é que a única diferença entre o trauma social e o privado é o numérico. No social, um número muito grande de pessoas é atingido. Os casos privados são mais pontuais, o número de pessoas envolvidas é mais restrito.

Voltando ao *A vida secreta das palavras*, vemos ali que os traumas só puderam ser superados e integrados na medida em que foram falados e suscitaram compaixão e acolhimento, em meio a palavras e silêncios. No filme, algumas vezes é mencionada a necessidade de isolamento e silêncio por parte dos traumatizados. É compreensível, pois muitas vezes o trauma se concretiza em reais manipulações e invasões do corpo realizadas pelo outro, o que faz com que a proximidade física seja vivida como ameaçadora, justificando a procura do isolamento e solidão. Da mesma forma, a necessidade do silêncio como defesa contra a invasão da palavra do outro. O ouvido é o único orifício corporal que não se fecha. Hanna necessitou de um longo período de isolamento e silêncio antes de tolerar a proximidade do outro, somente então podendo se ligar e confiar novamente sem tanto medo.

Um aspecto interessante do filme é algo que aparece mais no início e que volta nas cenas finais. É a voz de criança narrando os acontecimentos e que se refere à Hanna na terceira pessoa.

Pode-se pensar, no início, ser um lado seu infantil e dissociado, uma evidência da regressão que fizera frente ao trauma que enfrentara. No final, fica mais claro ser a voz do filho que Hanna tivera ao ser estuprada pelos soldados e que durante muito tempo foi seu único companheiro, o único laço afetivo que a mantinha, ainda que fantasmático. Indício de que Hanna teria integrado melhor seu psiquismo é o fato de a voz dizer que, desde o casamento de Hanna e o nascimento de seus dois filhos, ela (a voz) tem aparecido cada vez menos e talvez aquela seja sua última aparição. Efetivamente, ela se cala ao ouvir a voz de seus dois irmãos – os filhos de Hanna – que chegam da casa do vizinho, onde brincavam.

Abordei aqui aspectos psicanalíticos, deixando de lado os elementos mais políticos implícitos e explícitos do filme, como os ligados às guerras étnicas na Europa, os aspectos ecológicos do uso de uma plataforma submarina, os preconceitos etc.

Brilho eterno de uma mente sem lembranças (Eternal Sunshine of the Spotless Mind), de Michael Gondry (2004)[1]

Brilho eterno de uma mente sem lembranças, filme de Michael Gondry, tem como roteirista Charlie Kaufman que novamente exibe, de forma cômica e engenhosa, seu talento e compreensão do funcionamento psíquico inconsciente, tal como antes fizera em Quero ser John Malkovich e Adaptação.

---

[1] Publicado na revista VIVER – mente & corpo, n. 142, novembro de 2004.

Neste filme, ele aborda com inteligência o tema da memória. A trama é simples. Um jovem casal se apaixona e, depois de algum tempo, vem o desencantamento. Decepcionados um com o outro, em momentos diferentes, cada um procura a Lacuna Inc., uma empresa que oferece um tratamento que destrói as memórias indesejadas. Primeiro, Clementine apaga tudo que poderia evocar a pessoa de Joel. Depois, Joel tenta fazer o mesmo. Logo se arrependem e tentam recuperar suas memórias, pois reconhecem que sem elas ficam mutilados, esvaziados da própria identidade e daquilo que mais amavam.

O tratamento oferecido pela Lacuna Inc. corresponde ao que a maioria das pessoas acredita ser a solução para as lembranças dolorosas referentes as suas próprias perdas significativas: rompimentos amorosos, falecimentos, decepções, desilusões etc. É comum observar as pessoas dizerem que não querem falar sobre assuntos penosos, que desejariam pôr uma pedra em cima deles e usarem expedientes os mais variados com esse objetivo (viagens, distrações, festas, ocupações etc.).

Esta conduta de destruir as memórias, apagando-as, é a antítese daquela almejada pela psicanálise. O psicanalista faz exatamente o contrário. Ele luta contra a repressão, fazendo com que o analisando recupere – através das interpretações e construções que produz – o acervo de suas lembranças que lhe estavam até então inacessíveis.

O psicanalista pensa que, no correr da vida, as perdas são inevitáveis. Elas são muitas e vão desde o esboroar dos sonhos megalomaníacos infantis no confronto com a realidade, até a morte de pessoas queridas. E sabe que é necessário reconhecer e enfrentar essas perdas, fazer o luto por elas. Não devemos negar ou ignorar a lembrança dessas perdas. Somente as encarando podemos superá-las. A psicanálise é a ciência do sonho e do arquivo, da memória. Cabe ao analista recuperar esse arquivo, interpretá-lo e com ele construir a lógica secreta da história do analisando. O filme descreve um processo comum nos relacionamentos amorosos. No enamoramento há uma idealização do ente querido. Com o passar do tempo, a idealização desvanece e emerge uma visão mais realista da pessoa amada, com suas qualidades e também seus defeitos e limitações. Somente o abdicar da idealização do outro e de si mesmo – fazendo o luto pelo narcisismo perdido – torna possível uma relação amorosa plena. A paixão se transforma em compaixão.

Se a trama é simples, o que encanta em *Brilho eterno de uma mente sem lembranças* é a criatividade com a qual a história é contada e a forma pela qual constrói visualmente o funcionamento mental dos personagens, em permanentes processos de condensação e deslocamento. Nesse sentido, o filme volta a mostrar como a linguagem cinematográfica tem uma grande proximidade com a linguagem onírica, representando-a como nenhuma outra poderia fazê-lo.

Os edukadores (*Die Fetten Jahre sind vorbei*), de Hans Weingartner (2004)[1]

Neste interessante filme alemão vemos um pequeno grupo de jovens que se autointitulam "Os Educadores" e que exercem sua militância política fazendo uma espécie de terrorismo *light*: invadem mansões cujos donos estão viajando, desorganizam a disposição dos móveis e obj

---

[1] Publicado em *VIVER – Mente&Cérebro*, n. 146, ano XIII.

etos da casa, deixando bilhetes do tipo "vocês têm dinheiro demais". Sua ideia é criar uma insegurança nos ricos moradores e pedagogicamente provocar-lhes a conscientização das diferenças sociais. Essa prática ingênua toma rumos inesperados quando, ao invadirem uma determinada casa, são surpreendidos pelo proprietário. Sem alternativas, sequestram-no, levando-o para a casa de campo do parente de um deles.

A convivência do sequestrado com os sequestradores (dois rapazes e uma moça num triângulo amoroso que sofre uma penosa acomodação, lembrando o filme *Jules et Jim,* de Truffaut (1962), segue um curioso desdobramento, onde se confrontam os revolucionários de hoje com os revolucionários de ontem; a juventude e seus sonhos idealistas e a idade madura, com seu cético pragmatismo. A proximidade entre eles termina por estabelecer aquilo que ficou denominado como "Síndrome de Estocolmo" – a defensiva identificação do sequestrado com os sequestradores, decorrente das fortes angústias desencadeadas pela situação. O final tem reviravoltas instigantes, mas coerentes com o enredo e a evolução da "Síndrome de Estocolmo": não é possível uma reconciliação entre sequestrado e sequestradores, que retomam a suas posições iniciais, confundidas que estavam pela forte experiência emocional vivida em comum.

Os jovens ao se fazerem chamar de "educadores" ilustram uma faceta do momento revolucionário. Se a educação é um processo pelo qual as gerações mais jovens recebem dos mais velhos o saber acumulado pelas anteriores, nos momentos revolucionários esse saber é questionado e rejeitado pelas novas gerações.

Mas será possível dissociar o aprendizado político do existencial, afetivo, amoroso? Durante a convivência forçada no campo, quem educa quem? São os jovens os que educam o mais velho? É o mais experiente quem os educa? O processo é educativo para ambas as partes. Os jovens têm de se deparar com sua inexperiência e ingenuidade, confrontar-se com sua onipotência e constatar a própria fragilidade e vulnerabilidade. Da mesma forma, o mais velho, ao comparar seu momento existencial com o dos jovens, medita sobre os sonhos perdidos, o seco aprendizado da realidade que lhe fez estancar os ardores antes acalentados.

Os *edukadores* retoma um tema que poderia parecer extemporâneo no momento atual, no qual prevalece a globalização, onde o império norte-americano impõe unilateralmente seus valores mundo afora e os sonhos de uma revolução social parecem definitivamente sepultados.

O filme fala do impasse vivido por aqueles que se preocupam com a luta por uma sociedade mais justa, na qual a economia não esteja tão dissociada da realidade social. A atualidade e pertinência do assunto são confirmadas pelos recentes eventos políticos que ocuparam a mídia – o Fórum Social de Porto Alegre e o Fórum Econômico de Davos.

Afinal é preciso que alguém grite como é escandaloso que uma vaca europeia receba 4 dólares por dia de subvenção estatal à agropecuária, enquanto um terço da população mundial vive com 1 dólar por dia, como afirmou em Porto Alegre Ignatio Ramonet, diretor do jornal francês "Le Monde Diplomatique".

Na captura dos Friedmans (Capturing the Friedmans), de Andrew Jarecki (2003)

Capturando os Friedmans e algo mais

O documentário *Na captura dos Friedmans (Capturing the Friedmans, 2003)*, de Andrew Jarecki, foi indicado para o Oscar da categoria e ganhou vários prêmios, como o do grande júri do Sundance Film Festival e o concedido por críticos de cinema de onze grandes cidades norte-americanas.

O filme expõe a tragédia que se abateu, nos anos 80, sobre os Friedmans – Arnold, Elaine e seus três filhos, David, Seth e Jesse. Arnold é um professor aposentado que – juntamente com seu filho mais novo – dá aulas de computação em sua própria casa para as crianças de seu bairro de classe média.

A rotina da família desaba com as acusações de pedofilia que são dirigidas ao professor e ao filho mais novo, que foram condenados e encarcerados. O pai se suicida na penitenciária e o filho Jesse cumpre mais de dez anos de pena. David, o filho mais velho se recusa a crer na culpa do pai ainda hoje, jogando toda a culpa na mãe, Elaine. Seth, o filho do meio, não se manifesta, não quis participar das filmagens. A mãe rememora todo o caso num misto de isolamento e dissociação.

O documentário repousa sobre entrevistas com a mulher Elaine e seus filhos David e Jesse, com o irmão de Arnold, com advogados, jornalistas, policiais, escritores, psicólogos. Seu trunfo maior é a inclusão das filmagens domésticas realizadas por um dos filhos que tinha por hobby documentar cenas familiares. Nelas vamos ver desde inocentes cenas de festas de aniversário até as amargas discussões realizadas no auge da crise.

Qual é o interesse de um filme como esse, com um tema tão pesado e um desdobramento dos mais melancólicos, mostrando uma família encurralada e se debatendo num beco sem saída?

Talvez nos sirva como uma advertência contra os juízos apressados, as conclusões rápidas demais, as simplificações tranquilizadoras. Talvez seja um apelo à compaixão frente a nossa compartilhada miséria humana.

Como se deu a tragédia dos Friedman? Arnold recebia pelo correio revistas pornográficas de pedofilia. Por essa via, a polícia chega até ele e em sua casa descobre uma coleção destas revistas. Ao tomarem conhecimento de que ele dá aulas para crianças, os policiais logo concluem que ele as teria molestado sexualmente. Para confirmar a suspeita, iniciam uma longa série de interrogatórios com as crianças e seus pais, desencadeando uma verdadeira histeria coletiva na pequena comunidade. As crianças que negavam o abuso eram pressionadas a confirmarem-no, os pais que consideravam improváveis aquelas acusações eram discriminados. Várias crianças então fizeram declarações fantasiosas e inverossímeis, que – no entanto – foram validadas e deram base para o processo que culminou com o julgamento e condenação de Arnold e seu filho Jesse.

O que vemos mais? A clara fascinação que a mídia exerce sobre as pessoas. Policiais, advogados, pais, professores, colegas, vizinhos, conhecidos – todos ficam encantados com a oportunidade única de aparecerem na televisão. A tragédia dos Friedmans é mero veículo para a realização do desejo obsessivo que consome a tantos – ter um pouco de notoriedade, os famosos quinze minutos de fama que vão dar lastro a vidas talvez sentidas como obscuras e vazias.

O documentário de Jarecki mostra a manipulação da mídia, a mobilização afetiva que ela instala, a exploração da sexualidade e a superficialidade com que são tratados temas muito complexos.

Tudo seria mais simples se pudesse ficar dividido entre o certo e o errado, o preto e o branco, o bem e o mal. Quando as coisas fogem desse divisor e se revelam mais complicadas e delicadas, seu manejo fica quase impossível. Arnold Friedman confessou seu desejo pedófilo, mas negou qualquer abuso sexual de seus alunos. Se estes aconteceram ou não, jamais saberemos, pois os métodos utilizados para prová-lo revelaram-se completamente falhos e indutores ao erro.

Passado o tumulto, já condenado, Arnold Friedman escreveu uma carta para uma jornalista, dando sua versão dos fatos. Ali confessa que desde os oito anos praticava atos sexuais com seu irmão mais novo, de cinco anos, prática mantida por muitos anos e que o teria marcado, fazendo com que se fixasse sexualmente pelo resto da vida em meninos. Conta que na adolescência sentia-se atraído por colegas do mesmo sexo e que, mesmo depois de casado, continuou com seus interesses pedófilos, que motivavam sua coleção de revistas. Nega ter tido qualquer envolvimento sexual com seus alunos e admite ter mantido algumas relações pedófilas numa casa de praia de sua propriedade, distante do local onde morava.

O irmão de Arnold, um assumido homossexual, diz não ter nenhuma lembrança da prática sexual infantil com o irmão. Elaine, por sua vez, diz que o pai de Arnold abandonou a família logo após a morte de uma filhinha de 5 anos, que é mostrada dançando num filme doméstico. Sem recursos, a mãe de Arnold e seus dois filhos foram morar no porão de um prédio, num único aposento, onde ela recebia os homens com os quais se prostituía. Os filhos muitas vezes presenciavam seus atos sexuais, como Arnold disse, em algum momento, para Elaine. Arnold mal cumpria seus deveres maritais, sem nenhum prazer e interesse, segundo Elaine, que sabia da coleção de revistas e achava que ele "meditava" (sic) sobre o assunto ali abordado. Elaine, segundo seu cunhado, era uma mulher muito instável emocionalmente, com dificuldades de exercer o papel de mãe.

Quando tudo desaba, o advogado aconselha a Arnold declarar-se culpado para diminuir a pena e o mesmo é indicado a Jesse, que – além disso – é instruído a dizer que sofrera abuso do próprio pai, com o intuito de obter algum indulto. Tal manobra não tem o sucesso esperado e a juíza os condena à pena máxima.

Já condenado, Arnold acompanha o julgamento do filho. Ao saber de sua condenação, faz uma apólice de seguro de 250 mil dólares em seu benefício, como uma forma de garantir-lhe uma compensação mínima frente ao acontecido. A apólice tem uma cláusula que estabelece a invalidade do seguro caso o segurado se suicide antes de dois anos a partir da data do contrato. Arnold se suicida imediatamente depois do transcurso desses dois anos.

E os que sobreviveram? Elaine casou-se novamente e mora noutra cidade. David trabalha como palhaço, animando festas infantis em Nova Iorque. Jesse, ao sair da cadeia, luta pelo reconhecimento de um erro judiciário – as confissões que o incriminaram não resistem a qualquer exame mais acurado. No documentário, o único ex-aluno que mantém as acusações o faz de maneira delirante, não merecedora de qualquer crédito. Grande parte daqueles que os acusaram não se lembravam dos fatos e dizem que só o fizeram após terapias sugestivas, hipnoses, quando recuperaram as "memórias". Embora o filme não mencione, parece-me que o caso dos Friedmans ocorreu no início de uma época, nos Estados Unidos, na qual se deu uma onda de acusações de abusos sexuais contra pais e familiares, acusações realizadas por adultos em terapias nas quais havia uma suposta recuperação de "memórias reprimidas".

O que é mais tocante no documentário são as imagens domésticas filmadas pelos próprios Friedmans, especialmente aquelas feitas durante as discussões no fragor da crise. O filho mais velho, David, defende vigorosamente o pai, recusando-se a ver as provas encontradas (as revistas de pedofilia) e negando as acusações de abusos entre os alunos, atitude que mantém até o presente, atribuindo culpas e responsabilidades à mãe. Elaine não compartilha a evidente negação de David e é por isso hostilizada por ele, que lhe cobra uma irrestrita solidariedade ao pai. Arnold parece dissociado, distante, mudo, incapaz de responder ao questionamento de David. Jesse é um patético adolescente colhido no meio do furacão.

Os registros feitos nos momentos imediatamente anteriores aos julgamentos são de forte impacto, pelo que evidenciam da luta para driblar o desespero, por mostrarem os movimentos psíquicos defensivos de negação, reação maníaca e dissociação. Isso fica ainda mais evidente no que antecede o julgamento de Jesse. Estão os irmãos completamente desamparados e tentam brincar, numa compreensiva reação psicológica de negação frente a uma realidade insuportável. Eles continuam a reagir dessa forma ao saírem do tribunal, quando cantam e dançam no jardim do mesmo, provocando a agressão dos pais de suas supostas vítimas. O documentário, que levou três anos de pesquisas para sua realização, acompanha a saída da prisão de Jesse e seu primeiro encontro em liberdade com a mãe. Além dos Friedmans e sua tragédia, o que mais é capturado nesse filme? Seria uma faceta da patologia familiar que se manifesta em várias gerações e que termina por condicionar o sofrimento dos filhos, que pagam a conta dos pecados dos pais? Seria o enigma da pedofilia? Arnold – com sua vida aparentemente normal e adaptada aos padrões e costumes sociais, um pai de família, professor reconhecido – corresponderia ao imaginário do perverso pedófilo? Como entender o amor que os filhos lhe devotam, a ardorosa defesa que eles lhe prestam? Seria decorrente da negação, como a própria Elaine sugere? Seria uma evidência de que, ao lado dos aspectos mais regressivos e pedófilos de Arnold, existia um lado mais amadurecido, capaz de amar paternalmente os filhos? Arnold mostraria que o pedófilo, mais do que o monstro repugnante exposto pela mídia, é um pobre diabo sobrevivente de abusos e carências traumáticas, presa de compulsões das quais não consegue escapar e tão necessitado de cuidados quanto suas vítimas? Seria Arnold representativo de todos os casos de pedofilia? Poderíamos imaginar que os padres pedófilos expostos nos Estados Unidos teriam histórias semelhantes? Arnold teria a mesma estrutura psíquica dos pedófilos que frequentam o circuito do turismo sexual infantil? Haveria uma efetiva diferença entre pedofilia e abuso sexual infantil? Por que a pedofilia causa um escândalo maior que a violência física e o abandono emocional das crianças? Essas questões merecem desenvolvimentos e aprofundamentos maiores. Serge André, psicanalista belga, as aborda com bastante amplitude num artigo que merece toda a atenção e para o qual remeto os interessados, no endereço www.antroposmoderno.com

Adaptação (Adaptation), de Spike Jonze (2002)

Este é o segundo filme de Charlie Kaufman, um dos mais talentosos roteiristas em ação na Hollywood de hoje. Seu primeiro filme foi *Quero ser John Malkovich*. *Brilho eterno de uma mente sem lembranças* foi o terceiro.

Adaptação conta a história de um escritor contratado para escrever o roteiro de um filme baseado no livro *O ladrão de Orquídeas* e que sofre um bloqueio psíquico que o impede de realizar a tarefa.

É necessário salientar que o personagem Charlie Kaufman usa o mesmo nome do autor do roteiro; que o livro *O ladrão de orquídeas* e sua autora, Susan Orlean, existem na realidade, bem como o professor das oficinas literárias, Robert McKee. Da mesma forma, é interessante saber que – exatamente como no filme – foi dado a Kaufman a tarefa de transpor o livro de Orlean para a tela. Ainda confundindo a ficção com a realidade, Kaufman aparece como o festejado e tímido autor de *Quero ser John Malkovich,* circulando pelo estúdio onde o mesmo está sendo filmado.

Desta forma, em *Adaptação,* Kaufman transcende a questão circunscrita do personagem, transformando-a num tema mais amplo – o processo de criação artística e seus impasses. Esta solução, em si, não é nova. Fellini a usou em *Fellini 8 ½,* onde descreve seus bloqueios criativos e como os venceu.

Uma primeira leitura do filme mostra a transformação da experiência pessoal do autor numa obra de arte. Vemos como ela não é totalmente criada pela imaginação do artista a partir do nada e, sim, é uma recriação (transformação, "adaptação") de algumas experiências significativas por ele vividas.

O filme mostra várias destas transformações ou "adaptações" feitas tanto por Susan Orlean, a autora de *O ladrão de orquídeas* como por Charlie Kaufman, lutando para escrever o roteiro nele baseado.

Comecemos com Susan Orlean. Ao ler uma determinada notícia num jornal, Susan – uma jornalista do *New Yorker* – percebe que ali está um bom assunto a ser explorado. A notícia falava de Laroche, um contrabandista de orquídeas na Flórida. Laroche negociava, entre outras, a rara orquídea *Polyrrhiza lindenii,* a "orquídea fantasma", produzida unicamente numa reserva florestal de propriedade dos índios seminoles, com os quais ele mantinha um relacionamento muito especial.

Com o intuito de pesquisar o assunto para escrever um artigo, Susan Orlean dirige-se para a Flórida e entra em contato com Laroche, acompanhando-o em suas andanças em busca das orquídeas e suas negociações com os índios. Esta experiência é transformada no (ou "adaptada" ao) texto de seu livro, no qual relata o mundo dos colecionadores de orquídeas, das especificidades deste mercado, do contrabando etc. Mas, ao escrevê-lo, o teor de sua escrita vai mudando quase imperceptivelmente. A personalidade de Laroche, que a fascinara, cresce, possibilitando outros enfoques. Ele é um homem que se apaixona intensamente por determinadas tarefas e situações, nelas se envolvendo de corpo e alma, mas que tem a capacidade de delas se desprender com facilidade, quando tal se faz necessário. Susan Orlean se encanta com essas características de Laroche, seu desprendimento, sua aptidão de se "adaptar" a novas situações, de transitar de uma paixão a outra. Susan Orlean julga ver nisso uma maleabilidade, uma capacidade de usufruir aquilo que a vida oferece em seu constante fluir, habilidades que ela mesma não tem e que inveja e admira em Laroche. Assim, seu livro sutilmente abandona aquele que seria, a princípio, o tema principal, ou seja, o contrabando de orquídeas raras, e passa a ser um questionamento profundo sobre os desejos humanos.

E o que acontece com Kaufman? Ao ler o livro de Susan Orlean, ele fica encantado com seus dotes literários e com a acuidade psicológica com a qual ela analisa pessoas e fatos. Sua admiração o deixa inibido, fazendo-o duvidar de sua capacidade de transpor, de "adaptar" o livro para a tela, temendo descaracterizá-lo ou mutilá-lo. Kaufman se preocupa com o que ficaria perdido na troca de uma mídia (a literatura) por outra (cinema). Teme que, ao transitar da escrita para a imagem, destrua-se a beleza que julga ver na obra de Susan Orlean. Além do mais, ele se preocupa com outra importante questão. O cinema, ao contrário da literatura, é entretenimento, diversão de massa, um grande negócio que deve obedecer às leis do mercado.

Kaufman pretende ser fiel à qualidade do livro, não se dispondo a fazer uso dos habituais truques para atrair o grande público – cenas de sexo, assassinatos, uso de drogas, perseguições, mortes, espetaculares corridas e acidentes de carro etc. Por idealizar tanto a autora e a obra, Kaufman sente-se diminuído, impotente, paralisado.

Neste ponto, entra em ação o irmão gêmeo de Kaufman, Donald, que é em tudo seu oposto. É extrovertido, sexualmente desinibido, intelectualmente pouco brilhante e sem grandes pretensões. Deseja ser também um roteirista de cinema. Para tanto, frequenta oficinas literárias, que são desprezadas por Kaufman, e escreve incoerentes roteiros que são condescendentemente corrigidos por seu atormentado irmão.

Ao se sentir impossibilitado de realizar seu trabalho, Kaufman pede ajuda ao irmão e chega a ir às oficinas literárias que antes tanto ridicularizara. E é, de fato, o irmão quem o ajuda. A partir de um determinado momento, nota-se uma reviravolta rocambolesca na trama narrativa. O filme passa a ter todos os clichês habituais que Kaufman antes afirmara desprezar – violência, sexo, perseguições, corridas de carro, assassinatos etc. É como se Kaufman tivesse cedido o comando para o irmão. Entretanto, as aventuras nas quais se envolvem custam a vida de Donald. Tal experiência dolorosa tem um efeito transformador em Kaufman, possibilitando-lhe uma aproximação amorosa tão desejada, mas sempre adiada.

Desta forma, a narração transita por diferentes níveis. Além de deliberadamente confundir o personagem com o autor, segue por um plano mais realístico, mostrando as dificuldades de um roteirista em fazer a adaptação de um livro para o cinema. Mas logo ela se mistura com o próprio roteiro que está sendo escrito, fazendo com que Kaufman e Donald terminem por viver diretamente as aventuras que estão escrevendo.

O aparecimento do irmão gêmeo é um recurso que deixa explícita a existência de dois aspectos conflitivos de Kaufman no que diz respeito à sua produção: a ambivalência entre o desejo de fazer uma obra de arte da mesma estatura que o livro de Susan Orlean, ou de fazer uma obra de entretenimento, sem preocupação maior que aquela de divertir o público e ganhar muito dinheiro. De certa forma, a questão da "adaptação", tantas vezes já mencionada e apontada no próprio título do filme, parece ganhar uma nova significação. O artista para sobreviver tem que se "adaptar" às regras do jogo, às imposições do mercado. É inevitável fazer concessões.

Poderíamos ainda entender os irmãos gêmeos como uma representação da divisão interna de Kaufman. Por um lado, uma parte melancólica, com fortes defesas obsessivo-compulsivas e inibições variadas, especialmente as sexuais, o que o leva à constante masturbação; por outro, uma parte socialmente bem integrada e produtiva, sem grandes inibições neuróticas. A "morte" de Donald pode ser entendida como a superação da cisão, a integração das duas partes numa unidade bem-sucedida, o que permite Kaufman reencontrar a mulher amada.

A orquídea, tema inicial do roteiro, parece ser uma metáfora da arte e do próprio artista. Apesar de nascer em lugares degradados e insalubres como os pântanos, a orquídea como que os supera, mostrando-se possuidora de bela e pura transcendência. Ela é como o artista, que muitas vezes transforma a dor, o sofrimento, o "pântano" de suas circunstâncias pessoais em obras de valor universal. Ela é como a grande arte, inacessível às grandes massas.

A imagem final, focada em humildes flores plantadas ao lado de uma grande rodovia, parece ser o contraponto às delicadas e raras orquídeas, evocando a oposição entre a grande arte e o resistente e banal mercado do entretenimento de massa.

The Browm Bunny, de Vincent Gallo (2002)[1]

O *road movie* que Vincent Gallo escreveu, interpretou e dirigiu aposta tudo em um *gran finale* que lhe dá sentido e significação. Como foi amplamente noticiado, essa cena final comporta uma sequência de sexo explícito, uma longa felação.

Ao ser exibido no festival de Cannes em 2002, foi implacavelmente vaiado. Gallo fez bom uso desse fiasco inicial. Remontou seu filme, reduzindo sua duração em quase meia hora. Somente então recebeu merecidos elogios da crítica.

Budd, o personagem criado por Gallo, é piloto profissional de motos e, após perder uma corrida, coloca sua motocicleta numa

---

[1] Publicado na revista *VIVER - Mente&Cérebro*, n. 152, setembro de 2005.

caminhonete e inicia uma longa e solitária viagem pelas estradas da América rumo à Califórnia, onde supostamente participará de outra corrida. Sua viagem pelas desertas estradas é interrompida por acontecimentos aparentemente pouco relevantes ou de difícil compreensão para o expectador. Ao parar num posto para reabastecer seu carro, de forma insólita tenta convencer Violet, a pobre balconista que ali se encontra a acompanhá-lo na viagem para Los Angeles. Cedendo a sua insistência, ela aceita e é inopinadamente abandonada quando entra em casa para pegar a mala. Quilômetros depois, Budd para numa cidadezinha para visitar os pais senis de Daisy, sua mulher. É um encontro patético, no qual a comunicação é quase impossível. Ali reencontra o coelhinho marrom mencionado no título do filme, que fora o animal de estimação de Daisy. A visita não se estende por muito tempo e logo Budd retoma a estrada. Em subsequentes paradas, terá encontros truncados com mulheres cansadas e desiludidas, prostitutas que nada mais esperam da vida, das quais ele se aproxima e logo se afasta. Observa-se que, tal como Daisy, todas essas mulheres têm nome de flores – Violet, Lilly e Rose. Noutra localidade, entra numa loja de animais, onde pergunta qual a duração da vida de um coelho, uma indicação para a cronologia da história, como depois se verá. Finalmente Budd chega a uma cidade onde procura Daisy e a aguarda no hotel.

O que aí ocorre é de grande voltagem emocional e ressignifica todo o filme, compensando plenamente a tediosa e aborrecida viagem, a quase total ausência de enredo e drama na qual o filme se desenvolvia até então. Entendemos, finalmente, que Budd está numa fuga permanente e desesperada contra a culpa que o consome por saber-se responsável pela morte de alguém muito querido. Uma perda e uma culpa que ele sente serem impossíveis de elaborar.

Esse conhecimento esclarece a conotação simbólica da profissão de Budd. Ele busca a solidão e o vazio das corridas, nas quais – como todo piloto – tenta vencer o tempo, estabelecendo novos recordes. Budd luta contra o tempo. Tenta desesperadamente voltar ao momento anterior àquele no qual ocorreram os acontecimentos que desencadearam sua culpa avassaladora. Mas sabe de antemão que essa é uma tentativa fadada ao fracasso. Por isso mesmo, ela é também uma permanente e continuada tentativa de suicídio, um anseio pela morte, quem sabe no desejo de nela encontrar a paz que teme ter perdido para sempre.

Parte importante dessas impactantes cenas finais é o já mencionado uso do sexo explícito. Esse elemento não é gratuito, não visa maior bilheteria. Mais do que bem integrado, ele ocupa lugar necessário e central no contexto narrativo.

Desta forma, Gallo, juntamente com outros bons diretores – como Bertolucci em seu último filme, *Os Sonhadores* (*The Dreamers*, 2003), ajuda a derrubar uma das últimas barreiras na exibição cinematográfica. Utilizando imagens antes só admitidas em produções pornográficas, mostra como elas podem ter conotações dramáticas, um uso bem diverso daquele mais corriqueiro, que visa primordialmente promover a excitação sexual dos espectadores.

Lúcia e o sexo (*Lucia y el Sexo*), de Julio Medem (2001)

O filme *Lúcia e o sexo*, de Julio Medem (2001) tem uma estrutura narrativa não linear, na qual passado e presente se misturam, bem como a realidade e sua ficcionalização, pois o personagem principal é um escritor. O expectador deve ficar atento para desembaraçar tal emaranhado, para encontrar a sequência temporal dos acontecimentos e assim poder avaliar os atos e suas consequências, bem como discriminar o que é a realidade diegética e o que dela se afasta, como fantasia e criação literária dos personagens.

Feito este trabalho, chegaria a algo próximo ao que passo a relatar.

Seis anos antes, numa bela noite de luar em uma ilha paradisíaca, o escritor Lorenzo faz sexo casual com uma desconhecida. A única informação que ela tem sobre ele é que aquele é justamente o dia de seu aniversário. Lourenço tampouco procura saber quem é a mulher, que engravida desta relação e passa a procurar o pai de sua filha.

Sem saber da existência desta filha, Lourenço leva sua vida de escritor. Produzira um livro de sucesso e seu agente o pressiona por um novo livro, que ele sente dificuldades em terminar.

Estando num bar, é abordado por uma moça, Lúcia, garçonete de um restaurante. Ela lhe diz que ficara apaixonada por ele desde que lera seu livro, quando passara a segui-lo, o que fez com que conhecesse detalhes de sua vida. Impactado, Lourenço se deixa seduzir e inicia uma relação com Lúcia, vivendo um tórrido caso amoroso.

Lúcia diz que perdera os pais e o irmão num acidente automobilístico e fora criada por uma avó amorosa que cozinhava só para ela. Lourenço diz que muito pequeno fora abandonado pela mãe e que ele mesmo cozinhava para o pai, mas este fora assassinado com uma navalhada.

As coisas vão muito bem até Lúcia ler seu novo livro, que não a entusiasma tanto quanto o anterior, opinião que deixa Lourenço descontente e constrangido.

No dia do aniversário de Lourenço, seu agente literário diz ter um bom presente para ele: uma história que ouvira de sua irmã e que ele poderia usar como enredo de um conto. A irmã conhecera uma mulher que engravidara na ilha que Lourenço costuma ir, depois de uma única relação com um desconhecido, do qual nada sabia a não ser que aquele era o dia de seu aniversário. Tal mulher estava à procura do pai desta filha. O agente literário tem também a informação de que a filha desta mulher frequenta uma determinada praça levada por sua babá.

Curioso e suspeitando ser ele o pai da criança, Lourenço vai para a praça indicada, onde encontra a menina, Luna. Lourenço não mostra qualquer curiosidade em relação à mãe de sua suposta filha. Se seu interesse inicial era vê-la, logo este fica suplantado por seu envolvimento com a babá, Belén, que passa a lhe fazer pequenas confidências sobre sua própria família. A mãe de Belén é uma atriz de filmes pornográficos, afastada do trabalho a pedidos de Antonio, seu amante, com quem vivem as duas. Belén diz que talvez o amante da mãe a deseje. Lourenço instiga Belén a se aproximar sexualmente dele e disputar o amante com a mãe. Belén se deixa influenciar por Lourenço e passa a fazer o que ele sugere, relatando-lhe os acontecimentos, que ele passa a transcrever em seu livro. Belén diz ficar excitada com os filmes pornôs de sua mãe, procurando imitá-la em suas fantasias masturbatórias. Num clima onírico, onde não fica claro se o que ocorre são fatos vividos por Belén, se é a recriação ficcional destes fatos na produção literária de Lourenço ou se são puras fantasias dele, Belén passa a ter uma relação transgressiva sexual com a mãe e o amante.

Numa ocasião, Belén pede licença à Elena, sua patroa e mãe de Luna, para levar o namorado (que é Lourenço) para a casa enquanto faz *babysitting,* com o que Elena relutantemente concorda. Mais uma vez, Lourenço não mostra nenhum interesse em ver a mulher com quem gerou Luna.

Instalado na casa de Elena, conversa um pouco com a filha Luna, fazendo-a dormir contando-lhe histórias sobre a ilha onde fora concebida. Enquanto o espera, Belén se masturba em frente a um espelho e nota que o grande cão da casa tenta entrar no aposento no qual se encontra, o que ela não permite, numa cena em que fica sugerido que o cão participaria habitualmente de suas atividades masturbatórias.

Finalmente, Lourenço deixa Luna dormindo em seu quarto, cuja decoração lembra as paisagens paradisíacas da ilha, e se entrega aos jogos amorosos com Belén. Num determinado momento, Luna abre a porta e os vê envolvidos sexualmente, sendo impedida de ali ficar, tal como ocorrera com o cão minutos antes.

Numa sequência onírica, vemos Luna sendo sugada por um buraco e caindo no mar, onde encontra a mãe caracterizada como sereia. Na verdade, saberemos mais tarde, Luna fora morta pelo grande cão, por ele destroçada, tal como aparecera numa anterior cena de televisão vista por Lourenço.

Culpados pela morte de Luna, Belén e Lourenço entram em grande depressão. Belén é consolada por Elena, que a aconselha a chorar bastante, coisa que ela mesma não consegue fazer.

Lourenço, que mantinha a relação com Lúcia, nada lhe conta de seu envolvimento com Belén nem da descoberta da existência da filha. Entretanto, ela de tudo tinha conhecimento, pois lia, às escondidas, o que Lourenço escrevia no computador, ou seja, a versão ficcionalizada destes fatos.

Obcecado pela culpa da morte da filha e com a sexualidade transgressiva de Belén, Lourenço não consegue mais escrever e tenta matar as personagens de Belén e sua mãe em seu livro. Lúcia tenta animá-lo, sem sucesso. Num dia sai para o trabalho deixando-o particularmente deprimido. Volta para a casa e vê um bilhete suicida. Neste momento, recebe o telefonema de um policial que começa a lhe dar a notícia de um atropelamento. Talvez lembrando o acidente automobilístico no qual haviam morrido os pais e o irmão, Lúcia não consegue ouvir a noticia até o fim. Certa de que Lourenço tinha falecido, Lúcia deixa tudo e parte para a famosa ilha sobre a qual ele tanto falava e escrevia.

Na ilha, Lúcia encontra Elena, que ali estava desde a morte da filha Luna, cuidando de uma pousada. Encontra ainda Carlos, um homem de poucas palavras, amante ocasional de Elena, que diz não se importar em compartilhá-lo com Lúcia. Elena está mais interessada num homem que conhecera num *chat* da internet, um escritor que lhe tem enviado o que escreve. Tal homem é Lourenço, que, após a morte de Luna, decide procurar Elena, sendo então informado pelo agente literário, cuja irmã é amiga dela, que Elena se encontrava na ilha e costumava participar de um determinado *chat* com o pseudônimo de "Alsi" ("isla" – "ilha" – ao contrário, logo entende Lourenço). Elena fala sobre o amigo virtual escritor para Lúcia e lhe mostra o livro que ele lhe enviara. Lúcia, que já o lera no computador de Lourenço, descobre então ser ele o amigo virtual de Elena.

Em suas navegações pela internet, Elena acaba descobrindo que Carlos na verdade é Antonio, o amante da mãe de Belén. Antonio, Belén e a mãe estão sendo procurados pela polícia. Estavam foragidos, possivelmente temendo ser responsabilizados pela morte de Luna. Ao ser confrontado, Carlos-Antonio confessa sua verdadeira identidade e que Belén o deixara para acompanhar a mãe.

Enquanto isso, no continente, Lourenço se recupera do atropelamento. Sai de um período de coma e ao saber que Lúcia desaparecera desde seu acidente, intui que ela fora para a ilha. Para lá se dirige, sabendo que ali encontraria também Elena.

Ao chegar, encontra primeiro Elena, que o reconhece de imediato. Chorando, Lourenço lhe pede perdão, num intenso e terno abraço, momento em que Elena por fim chora a perda da filha Luna.

Finalmente Lourenço reencontra Lúcia, que fica radiante ao vê-lo. Um pouco antes, ao ver que Elena iria denunciar Carlos-Antonio à policia, Lúcia se dispusera a acompanhá-lo, mas ele desaparece num dos buracos da ilha.

O filme termina com Elena e Luna passeando calmamente em frente ao apartamento de Lourenço, como se nada tivesse acontecido. Isso talvez se ligue ao fato de que o "conto cheio de vantagens" – forma com a qual Lourenço se refere a sua escrita – tinha esta peculiaridade: um buraco, um furo no meio, onde o próprio conto poderia entrar e voltar para o meio do enredo, possibilitando alternativas diferentes das que foram seguidas até então.

No correr de todo o filme, a ilha é apresentada como um lugar mítico, com estranhas peculiaridades. Não estaria fundeada no leito do mar. Seria como uma balsa, flutuando ao ritmo das ondas e, algumas vezes, as pessoas ficam mareadas com sua movimentação. Além disso, seria oca, pois seu subsolo seria formado por um agrupamento de grutas que desembocariam no mar e seu solo seria cheio de buracos nos quais se poderia cair. Entretanto, não havia perigo nesta queda nos buracos. Ao se cair num deles, encontrava-se o mar e adquiria-se a possibilidade de se transformar numa outra pessoa.

O filme faz uso de símbolos do sol e da lua, algumas vezes identificados com os personagens. Várias vezes a luz ofuscante do sol da ilha interrompe a narrativa.

Podemos levantar algumas hipóteses interpretativas.

Em primeiro lugar, sua estrutura narrativa lembra aquela própria do processo primário presente nos sonhos. Há uma mistura dos tempos passado e presente, bem como ficam mescladas a realidade diegética e sua recriação na fantasia e na ficção escrita por Lourenço, o personagem escritor.

Depois, vemos o papel central que a sexualidade ocupa na vida dos personagens, determinando os acontecimentos em suas vidas.

Poderíamos pensar que o diretor mostra a sexualidade sob dois aspectos: o solar, vital, expressão de Eros, pulsão de vida; e sua contrapartida, uma sexualidade lunar, soturna, mortífera, expressão de Tanatos, pulsão de morte.

A sexualidade lunar e mortífera apresentaria aspectos puramente narcísicos – o desejo do gozo imediato, sem pensar em qualquer consequência. É o que acontece no envolvimento entre Lourenço e Elena, dois estranhos em sexo casual, despreocupados quanto às consequências que sua aventura poderia ter – uma gravidez, uma filha não desejada à procura de um pai. Ou, mais radical ainda, a sexualidade transgressiva de Belén, mantendo uma relação incestuosa com a mãe e seu amante, sexualidade que tem laivos de bestialidade, na medida em que não se detém nem na barreira das espécies. Como vimos, fica insinuado que o cão participaria de seus jogos sexuais.

Por não conhecer limites, por não pensar no outro, esta sexualidade é mortífera, causa a morte de Luna. Os adultos irresponsáveis, voltados para o gozo, não cuidam da criança, que é destroçada, devorada por um animal, o cão, uma forte e explícita imagem da sexualidade enquanto força destrutiva e animalesca, buscando o gozo acima de tudo, indiferente aos custos emocionais.

A sexualidade solar parece com Lúcia, que chama Lourenço para a vida, tenta tirá-lo da depressão.

Dizendo de outra forma, podemos pensar que o autor mostra como a sexualidade humana não pode deixar de estar regida pela Lei, aquela que barra o incesto e que é a base da cultura, que nos afasta da natureza e da animalidade. Belén representa a transgressão que precisa ser punida para que a civilização possa persistir. Somente com a repressão da sexualidade e da agressividade o homem pode viver em sociedade. O cão – aqui símbolo da pulsão sem limite ou repressão – precisa ser contido a qualquer preço, para evitar a morte dos filhos, do futuro da humanidade. É somente reconhecendo a culpa pela ânsia narcísica do gozo imediato que o homem pode voltar a produzir e construir.

Podemos ver o filme sob um ângulo um pouco diferente. Por que Lourenço parece não ter acesso à posição de pai? Vemos que ele engendra a filha sem nenhum desejo de paternidade. Ao saber de sua existência, procura se aproximar dela, mas termina por ser o vetor direto de sua morte. Lourenço não deseja uma filha e, quando esta aparece contra sua vontade, termina por destruí-la.

Por que alguém não poderia ser pai? Sabemos que Lourenço foi abandonado muito cedo pela mãe e que, de certa forma, ocupava o lugar dela, pois cozinhava para o pai, até ser este assassinado com uma navalhada na barriga. Que pensar do abandono materno e do ato violento que leva o pai à morte? Representaria um desejo por parte de Lourenço? Seriam suas vivências traumáticas de criança abandonada pela mãe e pelo pai o que faz com que ele rejeite e "mate" a filha? Por não ter sido cuidado como filho, não pode cuidar de um?

Por outro lado, vemos como ativamente incita Belén a práticas incestuosas, gozando com isso. Através de Belén realizaria seu desejo rebelde e agressivo de destruir o casal parental? Não toleraria a exclusão na cena primária? Teria o mesmo ocorrido com Luna, que presencia a cena primária e, na versão onírico-literária, "desaparece" num buraco da ilha e encontra a mãe sereia, quando, na verdade, é destroçada pelo cão, ou seja, destroçada pelo ódio da exclusão?

Somente ao fazer o luto pela filha, o reconhecer a culpa pela sexualidade narcísica, onipotente, que ignora o outro, ou, ainda, a culpa por ter destruído os pais na cena primária, Lourenço e Elena podem se perdoar e voltar a viver, sair da ilha e voltar para o continente.

Um outro aspecto do filme a ser mencionado é a forma pela qual a criatividade literária é mostrada. Bebendo diretamente dos fatos vividos, que são recriados ao bel-prazer do personagem escritor, aproximar-se-ia a criação literária da produção onírica – o desejo inconsciente usando os restos diurnos para se expressar, refazendo-os e recriando-os dentro das necessidades de expressão da elaboração secundária.

A ilha com seus buracos nos quais ao se cair não se morre e se pode transformar em qualquer outra pessoa, seu solo oco, cheio de cavernas não presas no leito do mar, um lugar à deriva, parece um lugar mítico, aonde as pessoas vão para se conhecer, ter uma visão mais completa sobre si mesmas. Tem uma certa semelhança com a literatura, tal como é descrita no "conto de vantagens" de Lourenço. Também ele tem um furo, um buraco no qual o conto cai e volta ao meio, quando tudo pode ser mudado. Seria esta postulação decorrente de uma negação maníaca das perdas e lutos inevitáveis no correr da vida? Seria uma forma de ver a literatura como uma sublimação das pulsões agressivas, uma forma de reparação dos objetos danificados ou destruídos, que podem então voltar à vida?

O final do filme, onde está negada a morte de Luna, que aparece feliz, sendo fotografada pela mãe na porta do apartamento de Lourenço, seria uma tentativa reparatória de Lourenço, que a recria na literatura, tal como acontece em *Culpa e desejo (Atonement,* 2007), filme de Joe Wright baseado em livro de Ian McEwan?

O pântano (La Ciénaga), de Lucrecia Martel (2001)

Li em algum lugar como é gritante a diferença entre as crianças dostoievskianas e as crianças freudianas. As primeiras sofrem o diabo nas mãos de seus pais e mães, pessoas loucas e malvadas. As crianças freudianas, por outro lado, são cheias de ódio e luxúria, desejam a mãe e querem matar o pai. Embora caricata, parece-me pertinente essa descrição, no que ela evidencia ênfases diferentes. Dostoievski aponta para a realidade factual e concreta que envolve as crianças, seus pais loucos e violentos que os atormentam de várias formas. Freud aponta para a realidade interna dos desejos e fantasias inconscientes.

Podemos entender que Freud precisou enfatizar esse ângulo para ressaltar sua descoberta do inconsciente e da psicanálise, ocasionando com isso uma certa desconsideração pela realidade externa. Gabrielle Rubin vai mais longe e diz que Freud ignorou a realidade externa, ou seja, a família, em função da vergonha que a sua lhe trazia, sob vários aspectos[1].

De qualquer forma, nós, que recebemos o legado freudiano, estamos numa situação mais confortável e podemos nos dar o luxo que o próprio Freud não pôde ter. Refiro-me a poder estabelecer os elos entre o mundo externo dos "pais loucos" e o mundo dos filhos desejantes – assassinos edipianos e culpados hamletianos. Na prática, isso significa a psicanálise poder se interessar pela família como privilegiado objeto de estudo.

Tais ideias me ocorrem em função do filme *O pântano* (*La Ciénaga*), 2001, da jovem cineasta argentina Lucrecia Martel.

As cenas iniciais de *Pântano*, quem sabe, estão destinadas a se tornarem clássicas. Em volta de uma piscina imunda, os mais velhos de uma família estão bêbados e incapazes de socorrer a um deles que se machuca com alguma gravidade. Cabe às crianças cuidarem dos mais velhos. Em seguida vemos essas crianças armadas, caçando coelhos com espingarda e olhando calmamente o tormento de uma vaca impossibilitada de sair de uma poça de lama, onde está atolada até o pescoço. E ela ali ficará até morrer, sem que ninguém se dê ao trabalho de libertá-la.

Em *Pântano* vamos encontrar uma família onde os pais abandonaram suas funções estruturantes e se afogam num profundo marasmo torporoso decorrente do alcoolismo. Os filhos se viram como podem.

O que mostra o vigor criativo da cineasta é o fato de não ser ela maniqueísta. Se a família está "atolada num pântano", como a vaca, nem por isso ela está morta. Se os pais estão perdidos em sua melancolia, em suas perdas irreparáveis, os filhos se preparam

---

[1] RUBIN, Gabrielle. *Le roman familial de Freud*. Paris: Payot, 2002.

para a grande aventura da vida, do sexo, do amor. Como as interdições paternas não existem, a sexualidade está sempre a um passo do incestuoso, do promíscuo.

A autora não se esquece de mostrar os preconceitos de classe e de etnia, como no trato da patroa com a empregada índia.

Escrever em corpos, escrever no papel

Algumas ideias em torno de *O livro de cabeceira* (*The Pillow Book*), de Peter Greenaway (1996)[1]

Peter Greenaway é um dos maiores criadores do cinema atual. De sua instigante obra, o filme *O livro de cabeceira* (*The Pillow Book*, 1996) ilustra com muita acuidade questões próprias à linguagem, como a representação e a simbolização.

Ao comentá-lo, deixo de lado seus extraordinários aspectos cinematográficos e me restrinjo àqueles que iluminam nosso conhecimento psicanalítico.

---

[1] Artigo publicado na revista *IDE – psicanálise e cultura*, vol. 30, n. 44, 2007.

Nesta abordagem, mantenho-me na trilha que venho seguindo, há algum tempo, na leitura psicanalítica de filmes (Telles, 2004)[2] e que Gabbard explicita bem quando diz:

> [...] esperamos ilustrar o potencial do pluralismo na crítica psicanalítica de cinema. Baseamos nosso trabalho [...] nos conceitos derivados de um largo espectro de escritos clínicos psicanalíticos. Como o clínico que adota diferentes posições teóricas de acordo com as necessidades dos diferentes pacientes, usamos uma variada gama de perspectivas para iluminar uma quantidade de filmes marcadamente diferentes. Enquanto a abordagem lacaniana produziu intrigantes relatos de filme enquanto processo, estamos mais interessados nos filmes em si – em seus textos, subtextos, temas e personagens. Cada filme convida diferentes níveis do poder explanatório de uma variedade de formulações teóricas (Gabbard, 1999, p. 201-2)[3]

Apresento uma sinopse do filme e, em seguida, alguns comentários interpretativos.

Sinopse do filme

Nos aniversários da menina Nagiko Kiohara cumpre-se um ritual. Seu pai, escritor e calígrafo, escreve o seguinte texto em seu rosto e nuca: "Quando Deus fez o primeiro modelo de barro do ser humano, pintou-lhe os olhos, os lábios e o sexo. E então pintou o nome da pessoa, temendo que ela pudesse esquecê-lo.

---

[2] TELLES, Sérgio. *O psicanalista vai ao cinema*, São Paulo/ São Carlos: Casa do Psicólogo/EdUFSCar, 2004.
[3] GABBARD, Glen; GABBARD, Krin. *Psychiatry and the cinema*. Second edition American Psychiatric Press: Washington, 1999.

Se aprovasse sua própria criação, Deus daria vida ao modelo de barro pintado ao assinar sobre ele seu próprio nome".

Aos quatro anos, Nagiko vê pela primeira vez o pai em práticas homossexuais com seu editor.

Aos seis anos, a tia lhe fala de Sei Shonagon, uma extraordinária mulher que vivera quase mil anos antes e escrevera um livro, o *Livro de cabeceira*. Com isso, a tia procura estimular Nagiko a também escrever um diário.

No dia em que começa a escrever seu diário, Nagiko conhece seu futuro marido, sobrinho do editor de seu pai. Fora encontrar o pai na gráfica e ali, mais uma vez, percebe o envolvimento sexual do pai com o editor.

Para seu desgosto, o editor frequenta sua casa e, numa ocasião, toma o pincel do pai e tenta, ele mesmo, escrever a frase ritualística, o que Nagiko recusa.

O casamento de Nagiko com o sobrinho do editor se realiza com grande pompa, mas logo fracassa. O marido se recusa a reproduzir o gesto paterno de escrever-lhe a frase no rosto em seu aniversário e, posteriormente, a ridiculariza por suas ambições literárias. Queima seu diário em meio a grandes exibições como arqueiro, atirando setas num alvo.

Como vingança, Nagiko incendeia a casa e foge para Hong Kong, onde passa a exercer funções humildes antes de trabalhar como *designer* e, posteriormente, como modelo de moda. Sozinha, constata ser impossível escrever sobre si mesma a frase paterna. Passa a procurar escritores e calígrafos para escreverem sobre seu corpo os mais variados tipos de ideogramas, pagando seus serviços com relações sexuais.

Numa ocasião, tendo seu corpo coberto de ideogramas, Nagiko se deixa fotografar por um profissional que por ela se apaixona, sem reciprocidade de sua parte. Em sua busca, Nagiko termina por encontrar Jérôme, poliglota, escritor e tradutor inglês, que atende a seu pedido de escrever sobre seu corpo e, diferentemente dos demais, pede que ela escreva sobre o corpo dele, o que Nagiko inicialmente recusa. Declara só ter prazer quando escrevem em seu corpo. Jérôme insiste, dizendo: "use meu corpo como uma página de livro". Posteriormente, mergulhada na banheira de casa, Nagiko, meditativa, escreve no espelho embaçado "trate-me como uma página de livro". Pensa: "Agora serei também o pincel e não mais só o papel" e passa a escrever sobre corpos masculinos.

Ao terminar sua primeira escrita sobre um homem, chama o fotógrafo e ele decide copiar o texto escrito e mandá-lo para um editor, que vem a ser justamente o antigo amante do pai de Nagiko, naquele momento morando também em Hong Kong. Para a grande decepção de Nagiko, o editor recusa o texto, dizendo não valer ele o papel no qual está escrito.

Sem se identificar, Nagiko vai à gráfica do editor e – para sua surpresa – vê Jérôme saindo de seu escritório e, tal como presenciara anteriormente com o pai, constata haver uma ligação erótica entre eles.

Disposta a honrar o pai tornando-se escritora, Nagiko não desiste. Uma amiga sugere que seduza o editor para conseguir a publicação de seu livro. Reflete que como não pode seduzir o editor homossexual, só lhe resta seduzir o amante do editor.

Jérôme aceita sua proposta, dispondo-se a servir como mensageiro, levando para o editor o texto que Nagiko escrevera no corpo dele.

O editor fica encantado simultaneamente com o corpo de Jérôme e o texto de Nagiko nele escrito. Manda seus secretários copiarem o texto e, em seguida, vai para a cama com Jérôme.

Jérôme não retorna para Nagiko como ela esperava, permanecendo por um longo tempo com o editor.

Enciumada, Nagiko passa então a procurar outros homens para escrever em seus corpos e enviá-los para o editor. Faz assim cinco novos livros-corpos, o que, por sua vez, provoca ciúmes em Jérôme.

Nagiko rechaça a tentativa de reaproximação de Jérôme, que procura então se aconselhar com o fotógrafo. Este, de certa forma agindo como Iago, sugere a Jérôme que, para facilitar a reaproximação e punir Nagiko pela rejeição, encene um suicídio como em *Romeu e Julieta*. Para tanto, dá a Jérôme os comprimidos a serem ingeridos.

Não fica claro se, por ciúmes, o fotógrafo deliberadamente provoca o envenenamento ou se isto ocorre por acidente, o fato é que a tentativa causa a morte de Jérôme, para desespero de Nagiko.

Sobre seu corpo morto, Nagiko escreve um poema de amor.

No enterro, Nagiko encontra a mãe de Jérôme, que expressa sentimentos muito ambivalentes em relação ao filho.

Informado pelo fotógrafo, o editor toma conhecimento da morte de Jérôme. Desesperado, viola seu túmulo e rouba seu cadáver. Retira sua pele, na qual está escrita a poesia de Nagiko, separando-a do resto de suas carnes, e com ela faz um livro. Usa o livro como um objeto erótico, envolvendo seu próprio corpo com as páginas feitas com a pele do amante morto.

Ao saber do fato, Nagiko resolve resgatar o livro-pele de Jérôme e para tanto volta a escrever, completando, desta forma, um total de treze livros escritos em treze diferentes corpos masculinos enviados ao editor.

Nagiko escreve em lugares inusitados do corpo de seus mensageiros, forçando o editor a procurar o texto, como nas pálpebras, língua, entre os dedos etc.

O último livro vai com a sentença de morte do editor escrito no corpo de um lutador de sumô, que o assassina e resgata o livro-Jérôme. Nagiko, que tinha queimado tudo num segundo incêndio, volta para o Japão. Numa cerimônia íntima, em sua casa, enterra o livro--Jérôme sob um bonsai. Ali dera à luz a uma filha de Jérôme e a vemos, tatuada, amamentar a criança.

O filme termina no dia de seu vigésimo oitavo aniversário, data que a distancia exatos mil anos de Sei Shonagon. Nagiko diz que agora, sim, pode escrever seu próprio "livro de cabeceira". E repete no rosto da filha o gesto inicial de seu pai, ao som do mesmo velho disco que ouvia quando criança.

Comentários

O filme permite várias linhas interpretativas. A primeira implica evidentemente uma identificação de Nagiko com o pai, com sua função de escritor e na obrigação de resgatar sua honra humilhada pelo editor.

Diz Braunstein:

Quem dentre nós não leva em sua carne as escrituras feitas pelo pincel e a tinta de um pai derrotado e humilhado? Sim, humilhado e ofendido pelos poderes do destino, da lei, da morte, da dependência de outros, por ter que curvar-se – assim é a sorte dos homens ante a prepotência do Outro. Humilhado, como todos, pelo pecado original que o fez servo da lei em sua passagem pelo Édipo. E nisso reside o heroísmo de Nagiko [...] Nagiko expressa o fantasma generalizado de uma fuga superadora (*Aufhebung*) do trágico destino que nos amarra a todos ao fracasso do pai. (Braustein, 2001, p. 222)[4]

---

[4] BRAUNSTEIN, Néstor A.. El libro de cabecera (The Pillow Book), Peter Greenaway y el psicoanalisis. In: *Ficcionário de Psicoanalisis*. México: Siglo Veintiuno, 2001. p. 216-229.

A relação com o pai é mostrada através da inscrição literal de um texto em seu corpo, de óbvia expressão edipiana. Não só enquanto expressão direta do amor do pai pela filha, mas como uma metáfora do nome do pai, da Lei que organiza o desejo. Diz Saal:

> Nagiko busca os amantes que saibam escrever em seu corpo. É que é a escritura o que desperta o corpo para o erotismo, os odores, os sabores, as pressões do desejo. Mas não seria todo corpo, enquanto corpo humano, o lugar de uma escritura? Desde as primeiras carícias e os primeiros olhares, cada corpo é o espaço de uma tatuagem invisível que as mãos do amor saberão ou não despertar. Nagiko necessita que escrevam sobre ela, sem metáfora, ela é a metáfora dessa escritura (Saal, 1998, p. 85)[5]

É também, como mostra Brausntein, uma imagem que aponta para o fato de sermos escritos pelo desejo do Outro:

> Somos o que vemos, uma sequência de imagens, "quadros" tatuados na carne, uma soberba catedral de letras, um texto escrito como uma extravagância, um palimpsesto de gravações de desejos superpostos, de mensagens enigmáticas, de um gozo cifrado em um corpo que é uma charada, um rébus. Como um cristal escuro, como um sonho. Chego assim a um momento lacaniano em minha visão interpretante do filme: *o gozo está cifrado, é um hieróglifo escrito em nossa carne pelo desejo do Outro, é um texto insensato, alheio à significação. [...] Como, com que alfabeto, poderíamos decifrar o que o Outro, com seus inescrutáveis desígnios,*

---

[5] SAAL, Frida. Greenaway, un libro para ver, un film para escribir. *Palabra de Analista*, p. 82-86, México, Siglo Veintiuno, 1998.

escreveu em nossa carne? (Braunstein, 2001, p. 224, ênfase minha)[6]

Essa é uma experiência constituinte que marca Nagiko de forma indelével. Na vida adulta, ela exige que o marido repita tal gesto, o que ele recusa, indício do iminente fracasso do casamento. Posteriormente, Nagiko paga com favores sexuais aos calígrafos e escritores que escrevem sobre ela. Ou seja, a inscrição tem uma conotação erótica e a posiciona como mulher, posta em posição passiva, receptora da escrita e, em seguida, possuída por um homem.

Tudo muda quando, ao invés dos parceiros heterossexuais para seus jogos com a escrita sobre seu corpo, Nagiko encontra Jérôme, o tradutor bissexual.

É ele, possivelmente em função de sua bissexualidade, quem sugere a inversão de papéis, assumindo a posição passiva-feminina, enquanto Nagiko ocupa o lugar ativo-masculino, escrevendo sobre o corpo dele. Ela reluta, temendo perder o prazer até então circunscrito à posição passiva. Como termina por aceitar a ideia e passa a escrever sobre os corpos masculinos, conclui-se que isso passa a também lhe ser prazeroso. Nagiko se apaixona por Jérôme e fica enciumada quando ele não volta imediatamente para sua companhia, preferindo ficar com o editor.

O encontro de Nagiko com Jérôme é decisivo. Parece decorrer da compulsão à repetição, pois, com ele, Nagiko vai passar por situações muito semelhantes às vividas com o pai bissexual, reatualizando suas experiências traumáticas e procurando elaborá-las de forma mais satisfatória.

Como vimos acima, em nível manifesto, a atitude do pai, escrevendo com o pincel sobre seu rosto, pode ser entendida como a

---

[6] BRAUNSTEIN, Néstor A. Op. cit.

expressão do amor edipiano existente entre pai e filha, base da identidade sexual de Nagiko como mulher. Mas, em nível latente, a situação é mais complexa, nela jogando papel decisivo a bissexualidade do pai.

Nesse sentido, parece-me de fundamental importância o momento em que Nagiko conclui que, como mulher, não poderia seduzir o editor. Seria a atualização do momento em que teria feito essa mesma descoberta em relação ao pai, o que dá a seu complexo de castração um curso específico.

Ao se deparar com as diferenças anatômicas sexuais, a menina se considera castrada e, ressentida, se afasta da mãe que não lhe proveu com tão valorizado órgão. Procura o pai, esperando dele receber um pênis, ou, posteriormente, um filho. Para tanto, precisa crer que pode seduzir o pai com seus atributos femininos. Mas Nagiko descobre que não pode seduzir o pai, pois não tem aquilo que mais o interessa, o pênis, como constata nas relações dele com o editor. Como consequência desta descoberta, só lhe resta desprezar com mais intensidade seu próprio sexo feminino, invejar ainda mais o falo, tentar dele se apoderar de qualquer maneira, pois somente assim terá os encantos para seduzir o pai.

Reatualizado o antigo conflito, Nagiko explícita e conscientemente resolve vingar seu pai contra o editor que o teria humilhado, violentado e extorquido.

Entretanto, tal deliberação comporta outras explicações. Ao colocar o pai como vítima submetida e humilhada, Nagiko estaria negando o desejo homossexual do pai, negando a cumplicidade existente entre o ele e o editor, tal como constata existir agora entre Jérôme e o mesmo editor. Ao perceber a intimidade existente entre os dois, Nagiko se depara com uma faceta da ligação do pai com o editor que até então reprimira, negara e transformara numa relação de força e humilhação. Com isso estaria protegendo o

O livro de cabeceira 131

pai contra seu próprio ódio por tê-la desprezado, ignorando seus encantos femininos, não a desejando por não ter ela o falo-pênis, por não ser um homem. Saal parece sugerir isso ao dizer:

> Trata-se da história de um pai humilhado sexualmente pelo editor e que está no centro das reivindicações de Nagiko, que só pode concluir com a morte do editor. Fica pairando uma pergunta nesse clima pletórico de sugestões. O pai humilhado, não é um fantasma de Nagiko? Somos testemunhos de um intercâmbio sexual numa relação de poder, como, a partir daí, Nagiko constrói sua própria versão? Salvar o pai impotente é uma das fantasias mais recorrentes das histéricas, que salvaguardam para si mesmas o papel de falo vingador[7]. (Saal, 1998, p. 86, ênfase minha)

O fantasma do "pai humilhado", que é a versão até então mantida por Nagiko sobre o relacionamento do pai com o editor, não mais se sustenta quando ela constata o prazer e a concordância existentes entre Jérôme e o editor. Nagiko entende que o pai poderia não ser uma vítima do editor e sim um amante cúmplice, tal como Jérôme o é.

Nagiko se dá conta de que odeia o pai que não a desejava, fazendo-a com isso rejeitar sua própria feminilidade, forçando-se a usar próteses fálicas no vão anseio de seduzi-lo, sabendo de antemão do fracasso desta empreitada.

Mesmo assim, não lhe é possível abandonar a idealização do pai e desloca para o editor o ódio que lhe destina. Nagiko, então, não estaria vingando o pai ao matar o editor, e sim se vingando do pai na figura do editor.

---

[7] SAAL, Frida. Op. cit.

Enquanto fixada ao desejo do pai, está aprisionada a um lugar fálico, tendo de ostentar pênis alugados que a poupem da humilhação de ser castrada e desprezada enquanto mulher. Somente após a morte de Jérôme e o assassinato do editor, esses homens que desprezam o sexo feminino e que representam o pai, pode Nagiko se libertar do encarceramento fálico, identificar-se plenamente com Sei Shonagon, a mulher escritora que gozava da literatura tanto quanto do sexo. Está desfeita a confusão entre potência criativa e falicidade.

Ainda sob este aspecto, é de se pensar se as inscrições que o pai lhe faz sobre o rosto e nuca não seriam suplementos fálicos, a aposição de elementos até então faltantes no corpo de Nagiko.

Um outro aspecto interessante no texto que o pai escreve no rosto de Nagiko é a afirmação de que Deus desenhava no modelo de barro O sexo. Essa curiosa formulação parece ignorar as diferenças anatômicas sexuais e reafirmar a crença na existência de um único sexo, o fálico, que é o predominante em grande parte da narrativa.

Observa-se ainda quão apagada é a figura materna de Nagiko, ocultada pela tia que lhe apresenta a idealizada figura feminina de Sei Shonagon.

Assim, os 13 livros escritos por Nagiko em corpos masculinos implicariam a elaboração de seu complexo de castração, a estabilização de sua identidade feminina após o abandono da crença de que só seria potente, amada e reconhecida se armada com o emblema fálico. Esta estabilização poderia estar representada pela extensa tatuagem visível ao amamentar sua filha, bem diferente das inscrições laváveis e efêmeras que deixava fazer em seu corpo e executava nos corpos masculinos.

Somente ao expressar seu ódio assassino frente ao pai, elaborar o luto por sua morte e pelo falo para sempre perdido, Nagiko

O livro de cabeceira 133

pode aceitar sua sexualidade feminina. Da mesma forma, somente então pode acreditar em seu talento como escritora, no poder de seus textos, que são valorizados *per se,* sem nenhuma necessidade do concreto reforço fálico.

Agora Nagiko sabe que não existe apenas *o* sexo fálico, como dizia o texto escrito pelo pai, e sim os dois sexos – o masculino e o feminino. E é isso que possibilita seu efetivo acesso à produção da escrita.

Se, no correr do texto, muitas vezes superpus "pênis" e "falo", não foi por desprezar a diferença entre estes conceitos, mas para refletir a maneira complexa com a qual Greenaway no-los apresenta em seu filme, onde aparecem intimamente imbricados, dificilmente dissociáveis enquanto objetos e representações de desejo e referências identificatórias. Da mesma forma, as relações masculinidade-feminilidade são diretamente referidas ao binômio atividade-passividade, ecoando a visão que o autor expressa na obra.

Num outro nível, *O livro de cabeceira* evoca muitas questões sobre a representação, a simbolização e a linguagem, todas de extraordinária importância.

A criação e o manejo de símbolos estão intimamente ligados à psicanálise, como dizem Laplanche e Pontalis (Laplanche & Pontalis, p. 626)[8]. A razão dessa intimidade logo fica clara quando lembramos que o sonho, essa formação *princeps* do inconsciente, configura-se com um conteúdo manifesto e outro latente, no qual o desejo inconsciente se articula e expressa de forma indireta, figurada, camuflada, uma formação "simbólica" a ser decifrada.

Ao interpretar os sonhos e os conteúdos inconscientes de modo geral, Freud mostrou que é impossível compreender isoladamente qualquer elemento e que as correspondências entre conteúdo

---

[8] LAPLANCHE, Jean; PONTALIS, Jean-Bertrand. Simbolismo. In: *Vocabulário de Psicanálise*. São Paulo: Martins Fontes, 1983. p.626-631

manifesto e conteúdo latente – ou seja, entre o que podemos chamar, *lato sensu*, de "símbolo" e "simbolizado" – não são fixas e definitivas, dependem do contexto associativo produzido pelo analisando[9].

O funcionamento do aparelho psíquico, tal como entendido no Capitulo VII de *A interpretação dos sonhos*, repousa sobre um sistema de inscrições, traços mnêmicos configurados como representações, divididas entre "representação de coisa" – derivada da coisa, de fundo visual e característica do Inconsciente – e "representação de palavras" – derivada da palavra, de origem acústica e característica do pré-consciente e da Consciência[10] (Freud, 1900a, p. 636-647).

As "representações de palavra" remetem diretamente à linguagem, cujo papel decisivo se evidencia na constituição do processo secundário, com suas cargas inibidas que possibilitam a identidade de pensamento, ao contrário do processo primário, com suas descargas desinibidas que levam à identidade de percepção característica da realização alucinatória de desejo.

Observando a proximidade existente entre essas teorizações freudianas e o modelo estrutural de linguística criado por Saussure, no qual se estabelece que o significante linguístico tomado isoladamente não tem ligação interna com o significado e que a significação só se produz em função de sua integração num sistema de oposições diferenciais, Lacan encontra as bases para sua teoria do simbólico.

Nestas formulações reconhecemos a matriz de toda representação em psicanálise – o processo pelo qual a relação fusional do

---

[9] Freud também usa "simbolismo" como uma forma específica de representação onírica, caracterizada pela relação fixa entre símbolo e simbolizado, como se evidencia nos sonhos ditos "típicos", que usam elementos independentes do discurso pessoal de cada um.
[10] FREUD, Sigmund. A interpretação dos sonhos. In: *Edição Standard Brasileira*. Vols. IV e V, Rio de Janeiro: Imago, 1972.

O livro de cabeceira   135

bebê com a mãe é modificada pela implantação de um sistema representacional simbólico. Isso faz com que seja possível o bebê tolerar a perda do objeto primário (*das Ding*, mãe, seio), que não deve mais ser alucinado e sim representado através de palavras, o que evidencia a fundamental importância da linguagem.

Freud ilustra este processo de maneira muito clara ao descrever o jogo de seu neto[11]. A criança brinca com um carretel que está amarrado com um cordão. Ela lança fora do berço o carretel e simultaneamente emite um som que os familiares entendem como sendo proveniente da palavra alemã *fort*, que significa *saiu, foi-se*, e, com grande satisfação, recolhe o carretel pelo fio gritando *da* (*eis aqui*). Ou seja, a criança *representa, simboliza* as dolorosas separações da mãe e sua desejada volta através do carretel e das palavras *fort* e *da*. Paulatinamente a criança abandonará o manejo do carretel, dando primazia à palavra, à linguagem, como meio privilegiado de expressão[12] (Freud, 1920b, p. 25-9).

É por esse motivo que Pontalis diz:

> No detalhe, no ínfimo, no passo a passo dos restos, quando nada a comanda a não ser seu próprio impulso, a fala reconduz ao objeto perdido, para dele se desligar. [...] Separar-se, desunir-se do objeto e de si, desligar-se do semelhante ao idêntico, medir incessantemente a distância entre a coisa possuída e a palavra que a designa, e que, ao designá-la, diz de imediato que ela não está ali[13] (Pontalis, 1991, p. 143)

---

[11] Derrida desenvolve interessante argumentação em torno do caráter autobiográfico desse episódio em *The Post Card: From* Sócrates to Freud and Beyond . The University of Chicago Press, 1992. p.303-337.

[13] PONTALIS, Jean-Bertrand. A melancolia da linguagem. In: *Perder de vista: da* fantasia de recuperação do objeto perdido. Rio de Janeiro: Zahar, 1991. p. 143-146.

É o que Pontalis chama de *melancolia da linguagem,* a linguagem como substituto do objeto amado perdido, a mãe (seio, *das Ding).* As palavras tornam presente uma ausência, ou ausente uma presença, são como que *presenças-ausências,* as da para sempre perdida mãe fusional, aquela com quem não era necessário falar, pois dela se fazia parte.

Até aqui seguimos Freud, enfocando a linguagem a partir do bebê, observando como ele estrutura um sistema simbólico para representar o objeto perdido.

Mas a linguagem não é só *melancólica,* não diz respeito exclusivamente à recuperação, por parte do bebê, do objeto perdido. A linguagem é também intrinsecamente *estranha, estrangeira,* é a marca da distância e da separação entre a criança e a mãe. A linguagem vem de fora, do Outro que é a mãe enquanto sujeito diferente e separado da criança e, ao mesmo tempo, é a *língua da mãe,* é o que há de mais próximo, íntimo e familiar, aquilo que se confunde com a própria criança.

A criança *infans,* que não fala ainda, ouve, absorve, apreende, aprende a fala dos adultos, estes sons desconhecidos, misteriosos, surpreendentes, enigmáticos, fascinantes.

É o discurso do Outro, discurso que expressa o desejo deste Outro, discurso que vai constituir o sujeito para sempre alienado de si mesmo, como diz Lacan:

> O significante produzindo-se no campo do Outro faz surgir o sujeito de sua significação. Mas ele só funciona como significante reduzindo o sujeito em instância a não ser mais do que um significante, petrificando-o pelo mesmo movimento com que o chama a funcionar, a falar, como sujeito[14]. (Lacan, 1979, p.197)

---

[14] LACAN, Jacques. O campo do outro e o retorno sobre a transferência. In: *O Seminário, Livro 11, Os quatro conceitos fundamentais da psicanálise.* Rio de Janeiro: Zahar, 1979. p. 193-245

Assim, em última instância, para a psicanálise, a linguagem se instala em função da perda do objeto, do qual se faz representante. A base da linguagem está na simbolização do objeto, na discriminação entre o objeto e sua representação simbólica, na substituição do objeto por sua representação[15].

Este é justamente um dos aspectos importantes de *O livro de cabeceira*. A história de Nagiko pode ser entendida como a ilustração dos processos de formação da representação simbólica, desde os momentos primeiros, nos quais *objeto* e *representação* coexistem, até o momento final, no qual a *representação* se autonomiza do *objeto* definitivamente perdido.

Quando Nagiko escreve sobre corpos masculinos que vão despertar o desejo do editor, ela não discrimina o *objeto* de sua *representação*. O mesmo ocorre com o editor, que – no início - goza com o texto (*representação*) e com o corpo (*objeto*). Paulatinamente o texto começa a ter certa autonomia para o editor. Ele não se deixa encantar inteiramente pelo corpo e procura o texto, que Nagiko ardilosamente coloca em lugares inacessíveis à primeira vista. Num determinado momento, o editor chega a rejeitar o corpo, quando não encontra o texto.

Nagiko e o editor representam a fase arcaica do pensamento no qual a *representação* não se autonomiza do representado, o *objeto* (simbolizado) e sua *representação* (símbolo) ainda não estão inteiramente separados, estão apostos, superpostos. O símbolo não é suficientemente potente para substituir o objeto, que persiste. O apego ao objeto é tanto que sua simbolização, sua representação, tem de coexistir diretamente com ele. A linguagem, que representa o objeto perdido, vai apostar sobre o próprio objeto, ainda não perdido.

---

[15] Em outro texto, abordo mais extensamente esse tema. Vide Telles, Sérgio. O dom de falar línguas. *Percurso*, 28, p. 23-35, São Paulo, 2002.

Uma forma evolutiva intermediária ocorre quando o corpo *morto* de Jérôme é resgatado e transformado literalmente em livro. O objeto já está morto, mas ainda não totalmente perdido ou abandonado, substituído e representado pelo símbolo, pela linguagem. Coexistem o texto e o corpo morto, a pele separada do resto das carnes, que é jogado no lixo. Esse fragmento pareceria ilustrar um momento ou uma formação "transicional", não no sentido winnicottiano de intermediário entre o narcísico e o objetal, mas entre a coisa em si – já desvitalizada, morta – e sua representação.

O estágio final se dá quando efetivamente Nagiko pode escrever sobre papel. Sua escrita é puro símbolo, pura representação. O objeto já não mais impõe sua concretude, sua presença. Somente então Nagiko se transforma numa verdadeira escritora, numa sucessora de Sei Shonagon, tem seu pensamento simbólico, não mais mistura *objeto* e sua *representação*.

A partir da teorização kleiniana, esse processo é descrito por Hanna Segal através dos conceitos de *símbolo* e *equação simbólica*. Diz ela:

> Na *equação simbólica*, o substituto-simbólico é tido como o *objeto* original. As próprias propriedades do substituto não são reconhecidas ou aceitas. A *equação simbólica* é usada para negar a ausência do *objeto* ideal ou controlar um *objeto* persecutório. Pertence a etapas mais primitivas do desenvolvimento. O *símbolo* propriamente dito, disponível para a sublimação e impelindo o desenvolvimento do ego, representa o *objeto*; suas características são reconhecidas, respeitadas e usadas. O *símbolo* surge quando os sentimentos depressivos predominam sobre os esquizoparanoides, quando a separação do *objeto*, a ambivalência, a culpa e a perda podem ser toleradas e vivenciadas. O *símbolo* é usado não para

negar a perda, mas para sobrepujá-la[16]. (Segal, p. 87-8, ênfase minha).

A evolução na representação simbólica é vista sob outro prisma por Paula Willoquet-Maricondi, ao apontar como em *O livro de cabeceira* a linguagem escrita é mostrada em vários tipos de caligrafias orientais antes de ser introduzido nosso alfabeto. Isso se dá, significativamente, quando Jérôme escreve com letras do alfabeto a palavra *Brusten – seio* em iídiche – sobre os seios de Nagiko. Diz ela:

> Cada desenvolvimento linguístico – a partir dos primeiros ideogramas, para os rébus, o aleph-beto semítico, o alfabeto grego, introduz um novo nível de abstração e separação, ou distância entre linguagem e corpo, entre a cultura humana e o resto da natureza[17].

Esse progressivo movimento de afastamento entre o *objeto* e sua *representação,* entre simbolizado e o símbolo, culmina com a completa abstração e autonomia do mundo representacional simbólico, como mostra Derrida. Diz ele:

> Com efeito, uma vez que os objetos podem ser substituídos por outros a ponto de deixar nua a própria estrutura substitutiva, a estrutura formal – ela mesma – se deixa ler, se expõe à leitura: o que passa a ocorrer não mais diz respeito ao afastamento deste ou daquele ausente, ou a reaproximação levar a esta ou àquela presença; o que passa a ocorrer diz respeito mais ao distanciamento do distante e à proximidade do próximo, à ausência do

---

[16] SEGAL, Hanna. *A obra de Hanna Segal.* Rio de Janeiro: Imago, 1983
[17] WILLOQUET-MARICONDI, Paula. (1999) "Fleshing the text: Greenaway´s "The Pillow Book" and the erasure of the body. Comparative Literature Department of Indiana University. Disponível em <http://www3.iath.virginia.edu/pmc/text-only/issue.199/9.2willoquet.txt>. Acesso em: 15 mar. 2007.

ausente ou à presença do presente. Mas o distanciamento não está distante, nem a proximidade está próxima, assim como a ausência não está ausente nem a presença está presente[18]. (Derrida, p. 321)

A linguagem e o mundo simbólico por ela engendrado são marcos definitivos de distanciamento entre a cultura humana e a natureza.

Se a relação de Nagiko com o editor, baseada no envio de corpos escritos, ilustra a perda do objeto e sua simbolização, não é indiferente que o falo ocupe nesse processo um lugar central. Ainda mais se lembrarmos, como vimos acima, que o editor é uma figura substitutiva do pai e que o diálogo entre os dois se refere à luta de Nagiko para afirmar sua feminilidade.

---

[18] DERRIDA, Jacques. *The post card:* from Socrates to Freud and beyond. Chicago: The University of Chicago Press.

O bicho cozinheiro

Observações sobre o filme *O cozinheiro, o ladrão, sua mulher e o amante* (*The Cook, the Thief, his Wife & her Lover*), de Peter Greenaway (1989)

O filme *O cozinheiro, o ladrão, sua mulher e o amante*, que Peter Greenaway realizou em 1989, bem que mereceria um *revival* nesses dias em que a *Haute Cuisine* se transformou num fenômeno midiático, dando vez ao aparecimento de uma infinidade de programas de televisão, luxuosas revistas e seções em jornais sobre restaurantes, *chefs,* receitas de pratos especiais, indicações de vinhos etc.

Inegavelmente, o atual interesse na *Haute Cuisine* é um modismo que a coloca como mais um objeto de consumo, no mesmo nível que as grifes de roupas e acessórios. Comer no restaurante de um renomado *chef* é o equivalente a ter uma bolsa Louis Vuitton, um terno Armani.

Entretanto, essa atual apropriação pelo consumo não anula o reconhecimento da Alta Culinária como parte importante das produções culturais, estruturas que delimitam nosso espaço, discriminando-o da região natural onde se acomodam todos os demais viventes, os outros animais que não os humanos.

Essa discriminação é fundamental, pois compartilhamos com os outros animais a realidade irremovível de um corpo físico, cuja fisiologia impõe os atos de comer e beber, assim como as funções excretórias e sexuais. Nos animais, esses atos são regidos exclusivamente por processos naturais, no homem – o que estabelece a radical diferença – a eles se acrescentam os revestimentos simbólicos criados pela cultura.

Se essa diferença não pode ser negada, tampouco pode ser ignorada a semelhança que persiste entre nós e os outros animais. Os animais nos obrigam a nos confrontar com a realidade concreta de nossos corpos tão próximos dos seus e, mais ainda, em refletirmos sobre nossa origem comum.

A relação entre o mundo animal e o mundo humano é vista dentro de um forte contexto ideológico alimentado milenarmente pela religião. Diz ela que o ser humano foi criado à imagem e semelhança de Deus. Consequentemente, somos especiais e nada temos a ver com os demais viventes do nosso planeta. A descoberta científica de Darwin, evidenciando a evolução das espécies – como disse Freud – foi um dos três maiores golpes no narcisismo da humanidade. Ao invés de filhos de Deus, somos descendentes de macacos! Uma afirmação que ainda hoje é insuportável para grande parte da humanidade, como se vê agora nos Estados Unidos, onde larga parcela da população luta contra o ensino da teoria darwiniana nas escolas públicas e insiste em manter a explicação fundamentalista da criação divina do universo, atualizando--a com novas roupagens – a chamada teoria do *Intelligent Design*.

Que isso ocorra na nação mais rica do mundo é algo assustador. Ao contrário dos países pobres, com suas populações analfabetas e ignorantes, um país como os Estados Unidos faria supor uma população educada, em plena posse de conhecimentos científicos recebidos em suas instituições de ensino. Que não seja assim levanta grandes questões ligadas à educação, à forma como o conhecimento é transmitido, ao poder da ideologia e da religião, às características do psiquismo humano, temas – como se vê – excessivamente extensos para serem abordados no momento.

É esse viés ideológico-religioso que nos impõe um afastamento excessivo do mundo animal, como Derrida aponta em alguns escritos como O *animal que logo sou*[1].

O reconhecimento de nossa proximidade com os animais nos deveria deixar mais solidários com suas vidas, procurando respeitá-las e preservá-las, dado que somos mais poderosos que eles, iluminados com a inteligência que lhes falta. Derrida nos diz que a forma como tratamos a vida animal no momento presente certamente deixará escandalizado o homem do futuro.

Se em momentos anteriores da história os homens caçavam para se alimentar, atualmente ainda precisamos mesmo assassinar os animais para sobrevivermos? – pergunta Derrida. Matamos os animais porque efetivamente deles precisamos como suporte nutritivo para nossa sobrevivência, ou os matamos por não tolerarmos ver a semelhança que existe entre eles e nós, percepção que abala nossas crenças religiosas num Deus Pai todo poderoso? Matamo-los por rejeitarmos nossa corporeidade, especialmente por rejeitarmos nossa sexualidade? Ou o assassinato deles é o correlato da nossa própria violência e destrutividade *humanas*, que – ao serem exercidas – curiosamente são denominadas de

---

[1] Este texto foi por mim resenhado e encontra-se disponível no endereço eletrônico www.polbr.med.br/arquivo/psi0205.htm

animalescas ou *bestiais,* quando na verdade são efetivamente *humanas,* dado que os animais nunca exercem tal tipo de conduta? Matamos os animais da mesma forma que matamos outros homens, enxergando neles aquilo que nos é intolerável em nós mesmos, extravasando sobre eles nossa pulsão de morte? Essas candentes questões têm inúmeros desdobramentos éticos e, se levadas às últimas consequências, implicariam, entre outras coisas, uma reavaliação profunda de nossos milenares hábitos alimentares.

Assim, se o ato de comer nos aproxima dos animais, também deles nos distancia pelo revestimento simbólico com o qual o envolvemos. Ao invés de matarmos a presa e a devorarmos crua como os animais, a cultura estabelece uma série de regras e normas para a matança dos animais e a forma de cozinhá-los e comê-los. É por isso que a *Haute Cuisine* se constitui uma importante expressão cultural.

Com Freud, a questão do funcionamento fisiológico do corpo adquire uma dimensão psíquica e inconsciente. As funções alimentícias, excretórias e sexuais e seus órgãos específicos – a boca, o ânus, a vagina e o pênis – adquirem uma outra conotação. Serão entendidos como o substrato orgânico de complexos processos psíquicos conscientes e, especialmente, inconscientes. Boca, ânus, vagina e pênis passam a ser "zonas erógenas", privilegiadas regiões do corpo das quais parte a "pulsão" em busca de sua satisfação num "objeto" específico. Desta forma se estabelecem as "fases de evolução da libido (pulsão)" – oral, anal, fálica e genital –, com seus respectivos objetos e formas específicas de relação.

As relações entre o corpo e o psiquismo descritos dessa forma padecem de um certo biologismo que é contrabalançado quando lembramos que as "zonas erógenas" são também áreas do corpo onde se dão as trocas entre o interno e o externo, entre o sujeito e o Outro. Dessa maneira, as "fases de evolução da libido" perdem o automatismo maturacional característico dos processos orgânicos e fisiológicos, desde que são inteiramente mediatizadas pelo desejo do Outro. Dizendo de outra forma, as diversas fases instalam-se ou não, evoluem ou regridem em função da relação da criança com o adulto que exerce a função materna.

A primeira comida, o leite materno, estabelece a ligação primária do bebê com o seio da mãe. As fantasias inconscientes próprias destes momentos que configuram a fase oral são coloridas pelos afetos de amor e ódio. Se predominam os afetos amorosos, a relação com a mãe é vivida como uma incorporação que restabelece a fusão desejada com o objeto amado. Se prevalecem os afetos de ódio, a relação com a mãe é vivida de forma terrorífica, canibalística. A criança fantasia devorar a mãe ou ser por ela devorada.

A oralidade é o modelo dos processos psíquicos de incorporação, introjeção, identificação. Ela predomina, evidentemente, nos momentos mais arcaicos da vida psíquica, aqueles referentes à relação de exclusividade com a *mãe*. Mas também está presente posteriormente, como no banquete totêmico, descrito por Freud como o protótipo da introjeção da figura do *pai*.

De alguma forma, todos esses temas estão presentes em *O cozinheiro, o ladrão, sua mulher e o amante*, de Greenaway.

Ali vemos o mafioso Spica se apossar, através da intimidação violenta, do refinado restaurante francês que costumava frequentar – o *La Hollandaise,* regido pelo *chef* Richard. Spica quer fazer-se passar por cavalheiro sofisticado, mas faz exibições de uma brutalidade "animal", "bestial" – entenda-se estritamente humana – que tem por alvo, muitas vezes, sua mulher Georgina.

Entre os comensais do restaurante está Michael, suposto ginecologista proprietário de um depósito de livros, que chama a atenção de Georgina pelo contraste que estabelece com Spica.

Distante do alarido incessante e ameaçador instalado por Spica, Michael está sempre em silêncio, a ler calmamente um livro. Georgina e Michael iniciam um caso amoroso no próprio restaurante, acobertados pelo *chef* Richard.

Ao serem descobertos, Spica mata Michael, enfiando-lhe goela abaixo as páginas de seu livro favorito sobre a Revolução Francesa.

Ao saber do ocorrido, Georgina pede a Richard que cozinhe o cadáver de Michael. Ele se nega, explicando-lhe – tal como um psicanalista faria – que seu pedido de cozinhá-lo expressa o desejo de comê-lo, revelador de sua vontade de retê-lo consigo, de negar a realidade de sua perda. Georgina refuta, dizendo que não seria *ela* quem comeria o morto e sim *Spica,* o que faz Richard mudar de ideia e concordar em cozinhar o corpo de Michael.

Na data aprazada, Georgina convida Spica para um jantar especial, para o qual o restaurante fica fechado ao público. Spica comparece sem seu *entourage* e ali se defronta com Georgina, o cozinheiro e seus auxiliares, que lhe apresentam o prato principal – o corpo assado de Michael. Sob a mira do revólver que Georgina empunha, Spica é instado a se servir da iguaria. Ela sugere que ele comece pelo pênis de Michael, afinal Spica sabe "por onde ele esteve". Relutante, Spica recusa a sugestão e corta um pedaço do abdome, mas não consegue ingeri-lo e vomita. Georgina o abate então com certeiro tiro na testa, chamando-o de "canibal".

É interessante a discriminação que Georgina faz ao dizer que não é *ela* quem vai comer o corpo de Michael e sim *Spica.* Ela está apontando para a diferença entre a primitiva incorporação oral da mãe, a fusão canibalística com ela, que poderia estar reatualizada naquele momento de luto, quando a perda do objeto amado poderia desencadear o desejo de incorporá-lo; e o banquete totêmico, que representa a ingestão do pai, da lei, da ordem, fenômeno evolutivamente posterior.

Richard interpreta a nível oral um desejo que se encontra no nível da resolução do complexo de Édipo, da introjeção da Lei paterna. Tal situação não é incomum na clínica, quando o analista pode cometer o mesmo equívoco – interpretar um material num nível mais primitivo do que aquele de onde provém – e ser corrigido pelo paciente, como faz Georgina.

Fica claro o desejo de Georgina. Desde o início do filme, vemos que ela e Michael situam-se no mesmo patamar frente aos códigos da alta cultura, representados aqui pela *Haute Cuisine*. Compartilham os mesmos valores éticos e morais. Desta forma, ela "não precisa" comer Michael. Ela já tem introjetados todos os valores representados por ele. O mesmo não ocorre com o violento e falastrão Spica, que, por ignorar tais valores, é um delinquente sem remorso ou culpa, ou seja, sem superego. Spica parece ter apenas um tênue ideal do ego, entrevisto em suas tentativas de parecer "fino" e "sofisticado", conhecedor de iguarias e bons modos à mesa, o que é insuficiente para impedi-lo de evacuar (expulsar) sistematicamente, através de atuações agressivas, quaisquer possibilidades de compreensão interna de si mesmo ou dos outros.

Ao obrigar Spica a ingerir totemicamente o corpo de Michael, Georgina tenta fazê-lo introjetar, incorporar, "comer" a lei com o fim de estabelecer um superego que o faça entender a dimensão de sua conduta destrutiva e assassina. Isso o possibilitaria perceber sua própria maldade, única forma de estabelecer a culpa e a subsequente disposição para a reparação dos estragos feitos por sua destrutividade. Somente assim teria possibilidades de sublimar suas pulsões mais destrutivas.

Entretanto, Spica vomita o ingerido, o que faz Georgina matá-lo, chamando-o de "canibal", que deve ser entendido aqui como alguém irremediavelmente fora do sistema da cultura, um "animal".

Tanto um restaurante sofisticado como uma biblioteca são expressões culturais que afastam o homem do mundo natural dos animais. O homem alimenta o corpo e a alma dentro de referenciais simbólicos. Spica, apesar de se empenhar em conhecer a alta cozinha francesa, preocupar-se em dizer os nomes corretos dos pratos e a forma adequada de ingeri-los, parece não ter uma efetiva compreensão da dimensão simbólica do mundo que o envolve. Quando enfia páginas de livros na garganta de Michael até matá-lo, é como se o "empanturrasse de livros", da mesma forma como se "empanturra de comida" no restaurante. Por outro lado, não é indiferente que esse livro seja sobre a Revolução Francesa. Spica – o gangster, o bandido, aquele que exerce o poder através da violência e da corrupção – não tolera se confrontar com os ideais de justiça social defendidos pela Revolução Francesa.

É interessante que Greenaway tenha escolhido como exemplo de libertação política a Revolução de 1789 deixando de lado a mais recente Revolução Soviética de 1917. Talvez com isso preconize a retomada dos ideais sociais estabelecidos pelos Iluministas, sistematicamente abandonados na práxis política.

No correr da ação, tomamos conhecimento de que as excessivas exibições fálicas de Spica, que se apresenta como um chefão machista poderoso, escondem sua impotência sexual, suas eventuais fixações anais – insinuadas no fascínio pelo dinheiro, no lavar as mãos, nos hábitos excretórios, no interesse pelas fezes.

Georgina transita da inicial submissão ao marido até a assunção de sua própria subjetividade. Para tanto, necessita da fala e do testemunho do outro. Somente assim pode validar e integrar a experiência libertadora e constituinte que tivera com Michael. Com essa finalidade, pede a Richard que lhe relate o que vira do relacionamento dos dois. Essa perspectiva retira a conotação meramente voyeurista-exibicionista que poderia ser dada à conduta de

Georgina e Michael frente ao *chef* e demais auxiliares da cozinha, devolvendo-lhe a dignidade de um ato testemunhal.

Greenaway mostra com grande acurácia a dualidade do homem, dividido entre a animalidade e a cultura. Vemos em seu filme um riquíssimo repertório cultural exposto com grande suntuosidade visual, ao mesmo tempo que nos defronta com a "animalidade" humana, fortemente presente na exibição incessante de nossa despida corporeidade. Ela está visível não apenas no sistemático uso da nudez de Michael e Georgina, muitas vezes contrapostos a carcaças de animais abatidos a serem servidos no restaurante, como em abundantes referências a processos fisiológicos como o comer, o defecar, as eructações, os flatos.

Os aspectos especificamente orais abundam por todo o filme de Greenaway. Desde a cena primeira, com Spica obrigando o empregado do restaurante "abrir a boca" e comer fezes de cachorro, passando por sua fala incessante e vazia (Spica – sugestivo nome – speak), culminando com a insistente toada cantada pelo ajudante de cozinha. Estão sempre referidos a boca, o comer, o falar, o cantar, a voz e seu oposto – o silêncio.

A propósito do canto, é digno de nota que o pequeno auxiliar da cozinha entoa uma lamentação continuada, na qual pede perdão pelas iniquidades, das quais quer ser purificado. Com seu filme, que tem um quê de oratório musical, de ópera, Greenaway parece pedir perdão por nossas iniquidades humanas.

Devemos lembrar que quando lançado, o filme gerou escândalo pela nudez frontal masculina. Por este motivo, nos Estados Unidos recebeu a mesma classificação dada aos filmes pornográficos. Esse fato nos remete ao relativismo que o termo "pornográfico" implica, como abordei em outro lugar[2].

---

[2] Texto disponível em <http://www.polbr.med.br/arquivo/psi0201.htm>.

O cozinheiro, o ladrão, a mulher e o amante comporta muitas outras análises, como pode ser visto nos cinco ensaios publicados no site de Peter Greenaway[3].

---

3 http://petergreenaway.co.uk

Bergman e uma conturbada relação mãe-filha

Leitura psicanalítica de *Sonata de outono* (Höstsonaten,1978)[1]

Sonata de outono, como outras obras-primas de Ingmar Bergman, mostra grande compreensão dos processos inconscientes da vida psíquica.

Após a morte do companheiro e empresário, Charlotte (Ingrid Bergman), pianista de fama internacional, é convidada para uma temporada na casa da filha Eva (Liv Ulman).

Anos antes, Charlotte sacrificara a vida familiar em prol da carreira, deixando as duas filhas — Helena e Eva — a cargo do marido.

---

[1] Versão mais condensada desse artigo foi publicada na revista *VIVER - mente&cérebro,* ano XIV, n.159, abril 2006.

Helena tem uma grave doença que a deixa incapacitada – tartamudeia e rasteja, sem qualquer autonomia. Eva se casara sem amor com um pastor mais velho e mora na casa paroquial de um pequeno povoado. Tivera um filho não planejado que morrera afogado aos quatro anos, algum tempo antes da visita de Charlotte. Mãe e filha não se viam há sete anos e rapidamente as tensões explodem. Eva acusa Charlotte de tê-los abandonado pela profissão. Mas também a ataca ao lembrar o período em que deixou a carreira para cuidar das filhas. Charlotte se assusta ao perceber a intensidade do ódio de Eva. Acuada, diz ter vivido uma infância infeliz, com pais pouco amorosos, o que a deixou incapaz de sentir afeto a não ser através da música. Confessa que nunca conseguiu ver-se como mãe. Era frágil e desamparada demais; ansiava por uma mãe, não por uma filha.

Fracassada a tentativa de aproximação entre as duas, Charlotte parte e Eva envia-lhe uma carta propondo uma reconciliação, que somente então acredita possível.

Ressalto alguns pontos:

1) Abandono materno – Suas consequências são mostradas em dois níveis: um menos incapacitante, representado por Eva, que apesar de ressentida e com impedimentos afetivos, conseguiu constituir-se como sujeito, tem uma identidade; outro, representado por Helena, cujo comprometimento a deixa sem identidade, amorfa.

2) Abandono *versus* presença excessiva da mãe – Eva se queixa simultaneamente do abandono da mãe e de seu oposto, sua presença invasiva. Sente que se despersonalizou para agradá-la, moldando-se ao que imaginava ser o desejo dela a seu respeito.

Nas duas situações se revela a atitude narcísica da mãe – seja no abandono das filhas em nome de seus próprios interesses, seja quando estava presente, na incapacidade de vê-las como seres autônomos e não prolongamentos de sua personalidade.

3) Características do desejo – Os queixumes de Eva são reveladores dos impasses próprios do desejo humano – sua impossibilidade de satisfação. Eva queixa-se da ausência da mãe e também de sua presença, sentida como excessiva e invasiva. Por um lado, vemos o desejo de fusão com a mãe, o não suportar a castração simbólica que impõe a separação; por outro, o terror da fusão, o medo da excessiva proximidade com o outro, o que dá origem à fobia primária referida por Radmila Zygouris.

4) Recusa da função paterna/materna – Charlotte mostra uma das dificuldades características frente à assunção da função paterna/materna: o ódio que o adulto tem ao ter de abandonar o lugar protegido de filho/a e assumir o peso e a responsabilidade do lugar de mãe/pai.

5) Diferentes formas de lidar com o luto: o filme mostra o luto patológico, congelado de Eva pelo filho e o luto de Charlotte pelo companheiro, mais realístico, menos melancólico.

6) Enfrentamento com a verdade – Eva extravasa seu ressentimento contra a mãe, Charlotte expõe suas limitações emocionais e insuficiências frente à função materna. Ambas reprimem tais ideias e sentimentos por temerem suas eventuais consequências destrutivas. Com alívio, constatam que ambas continuam vivas, não foram por eles destruídas. Isso possibilita que a relação entre as duas se restabeleça num patamar mais realístico e verdadeiro, com mútua compaixão.

7) Prole *versus* obra – Charlotte é uma mãe com características pouco comuns, é uma artista que não renegou seu talento. Seria esse um impasse incontornável para o artista? Como conciliar os cuidados com a prole e os cuidados com a obra?

Persona (1966) e *gritos e sussurros* (*Viskningar och rop*, 1972, duas obras-primas de Bergman

Com a recente morte de Bergman ocorrida em 30 de julho de 2007, resolvi rever dois filmes que ele mesmo considerava como pontos culminantes de sua obra – *Persona* (1966) e *gritos e sussurros* (1972).

Não os via há muitos anos e temia me decepcionar. Não foi o que aconteceu. Mais uma vez rendi-me à sua excelência, reconhecendo estar diante de duas inequívocas obras-primas.

O filme *Persona* é de clara inspiração psicanalítica.

A grande atriz Elisabeth Vogler (Liv Ullmann) fica inexplicavelmente muda durante uma cena em que interpretava o papel trágico de Electra e é levada para uma instituição psiquiátrica. Ali é examinada por uma psiquiatra que a considera "normal" e a encaminha para uma temporada de descanso em sua própria casa de praia, acompanhada por Alma (Bibi Anderson), uma enfermeira de sua confiança.

Numa consulta, a psiquiatra diz para Elisabeth Vogler que entende o que lhe aconteceu. Em sua opinião, Elisabeth entrara num impasse ao constatar que o contato social não é possível sem o uso de mentiras e fingimentos, que nele, tanto quanto no teatro, é necessário representar papéis. Disposta a dizer somente a verdade e constatando ser isso impossível, Elisabeth abdicara de falar. Por esse motivo, não a considera doente e sim "normal". Respeita e admira o que pensa ser uma atitude decorrente de uma decisão "ética" e deixa a cargo da própria Elisabeth a escolha do momento de seu regresso aos palcos do teatro e da vida.

Ao explicar o caso de Elisabeth Vogler para Alma, a psiquiatra diz que a atriz emudecera durante a peça e tivera vontade de rir num momento dramático. Alma diz não se sentir segura de poder tratar de Elisabeth, mulher tão admirável e forte.

Mesmo assim, Alma aceita a incumbência e se depara com o mutismo e o distanciamento de Elisabeth, rompidos uma única vez, e com grande intensidade de afetos, ao receber uma carta do marido, que nela enviara uma foto do filho. Elisabeth se recusa a ler a carta e com violência rasga a foto do filho.

Com o persistente silêncio de Elisabeth, Alma fala sem parar, contando-lhe todos os seus segredos – tivera um caso de 5 anos com um homem mais velho e casado; não se sentia tão atraída eroticamente pelo noivo; relembra ter participado com grande interesse de uma pequena orgia sexual com outra mulher e dois rapazes; diz ter engravidado naquela ocasião e ter abortado, o que ainda a enchia de culpas.

Alma se envolve com Elisabeth, vivendo com ela fortes situações eróticas e agressivas. Deliberadamente, Bergman não deixa claro para o espectador se tais situações foram apenas fantasiadas e sonhadas ou se aconteceram na realidade, mesmo porque, para seus fins narrativos, pouca diferença faria.

O idílio transferencial de Alma com Elisabeth se rompe quando Alma lê uma carta que Elisabeth escrevera para a psiquiatra e (propositadamente?) deixara o envelope sem lacre, estimulando sua curiosidade. Na carta, assumindo uma posição de superioridade, Elisabeth diz se divertir com a ingênua paixão amorosa que desperta em Alma e em analisar os problemas que ela lhe confessava sem parar. A leitura da carta destrói a idealização que Alma fazia em relação à Elisabeth, desencadeando um trauma emocional que a leva a uma despersonalização. Ao perder bruscamente o objeto idealizado, Alma não tem outro recurso a não ser identificar-se inteiramente com ele, abdicando de sua própria identidade.

Elisabeth alimenta a confusão de identidades, que atinge um ponto culminante com a chegada de seu marido cego (castrado, impotente?). O marido de Elisabeth confunde Alma com sua mulher, confusão que Elisabeth deliberadamente estimula, fazendo Alma passar por sua pessoa e assistindo impassível à relação sexual que se instala entre a enfermeira e o marido. O marido fala do filho que está sofrendo com a ausência da mãe. Essa fusão de identidades se dá num clima onírico de violência e oscilações entre amor e ódio.

Outro momento decisivo da fusão de identidades é quando Alma explicita a profunda rejeição que Elisabeth tem pelo filho, momento em que visualmente se fundem suas imagens e o discurso de uma expõe a verdade da outra.

Passado este instante, que parece desvendar o segredo maior reprimido de Elisabeth, as duas mulheres se separam, cada uma seguindo seu caminho.

O enfoque dado pela psiquiatra ao problema de Elisabeth parece derivar de uma posição existencialista, que aponta para as impossibilidades do ser no mundo. Ela entende o silêncio da paciente como uma postura "ética" de não mais mentir, de denunciar a necessária hipocrisia que possibilita a vida social. Este enfoque não leva em consideração a existência do inconsciente, como se tudo se passasse a nível consciente e racional.

Constatamos a insuficiência deste enfoque na medida em que Alma expõe com profundidade a efetiva loucura de Elisabeth, para tanto usando de um procedimento próximo ao processo psicanalítico, no qual têm grande importância as relações emocionais que se desenvolvem na transferência. Vemos ali que Elisabeth e Alma se alternam no papel de analista e analisanda, em identificação mútua. É através da identificação e da desidentificação, da fusão e discriminação que a compreensão interna se produz.

A suposta superioridade "ética" vista em Elisabeth pela psiquiatra ou sua falsa aparência de neutralidade analítica se revelam como uma grave dissociação psicótica, Elisabeth não tem contato com os próprios afetos. Como atriz, ela representa os sentimentos e ao se desestruturar, perde até mesmo esta capacidade, passando a rir nos momentos trágicos, quer seja no palco, ou na vida real, como quando Alma lhe faz confidências.

De certa forma, as duas mulheres poderiam representar as diferentes posições estruturais da neurose (representada por Alma) e da psicose (representada por Elisabeth). Alma está em franca relação objetal, amorosa, fazendo abundantes transferências para a companheira, identificando-se histericamente com ela. Elisabeth encontra-se numa posição narcísica, autista, indiferente, dissociada.

Outra maneira de entender a dupla Alma-Elisabeth é vê-las como as duas partes cindidas de uma mesma identidade.

De qualquer modo, a relação fusional das duas só se rompe quando há uma desidentificação da histérica e uma integração (superação da forclusão, da denegação) da rejeição da maternidade por parte da psicótica.

A explosão dos quadros enfeixados com o nome de "psicose puerperal" remete à revivescência da relação fusional mãe-bebê, à relação narcísica primária descrita por Freud como narcisismo primário. A visão do bebê como algo repugnante, tal como referida por Elisabeth, lembra a descrição que faz Piera Aulaugnier das mães de futuros esquizofrênicos[1]. Elas veem o filho como um prolongamento real – não imaginarizado ou simbolizado – de sua própria carne. Não é um objeto de desejo e sim o preenchimento concreto da falta do pênis.

É interessante salientar que a relação entre Alma e Elisabeth reflete justamente este aspecto dual, narcísico, especular, fusional característico da relação narcísica primária.

As cenas da abertura de "Persona" parecem expor as fantasias e imagens oníricas de Elisabeth – o falo, o cordeiro sacrificado, a crucificação, os mortos, o vampirismo e especialmente o filho abandonado que acaricia uma grande foto sua, uma longínqua e inatingível mãe.

As complicações de Elisabeth com a função materna, ou seja, sua dificuldade em se identificar com o papel de mãe, podem ser rastreadas no papel clássico de Electra, filha de Clitemnestra e Agamenon, irmã de Orestes, a quem induz matar a mãe, por ter ela assassinado o pai, tendo como cúmplice seu amante, Egisto.

---

[1] AULAGNIER, Piera, Observações sobre a estrutura psicótica in Psicose, uma leitura psicanalítica, Chaim Katz (org.), Belo Horizonte, Interlivros, 1979. p.17.

******

Em *Gritos e sussurros* vemos, na antiga casa onde passaram a infância, duas irmãs – Maria (Liv Ullmann) e Karin (Ingrid Thulin) – cuidando de uma terceira, Agnes (Harriet Anderson), enferma em estado terminal. Nesta tarefa, são auxiliadas por Anna (Kari Sylwan), uma empregada de confiança.

Se o impacto maior do filme é a impotência do homem frente ao fluir incontrolável do tempo e o também incontornável encontro com a dor e a morte, Bergman desnuda as complexas relações existentes entre as irmãs – o ódio, a inveja, o ciúme.

Em *flashbacks*, vemos fragmentos da infelicidade de cada uma delas. Agnes lembra a infância infeliz, desprezada pela mãe e incapaz de compartilhar das brincadeiras familiares. Karin revela-se descrente de tudo ("tudo é mentira", diz), é rígida e dissociada, mutila os genitais para afastar o velho marido diplomata. Maria é frívola, infantil, narcisista, sedutora, com suas infidelidades leva o marido a uma tentativa de suicídio.

Após a morte de Agnes, Maria tenta se aproximar de Karin, sendo inicialmente rechaçada e depois acolhida. À cena de intimidade afetiva, na qual os diálogos são substituídos pela sublime música de Bach, segue-se o estranhamento e afastamento das duas, mostrando a impossibilidade daquela relação. Karin alega ter sido tocada sexualmente por Maria, numa alusão incestuosa homossexual.

Ao morrer, Agnes recusa-se a partir, tentando agarrar-se às irmãs vivas, no que é repelida. Interessante alegoria do luto, este momento de transição onde o morto e os sobreviventes se digladiam numa luta cujo resultado será a elaboração satisfatória da perda ou uma penosa melancolia.

O filme seria insuportavelmente depressivo e niilista, focalizando apenas o lado mais negro e odiento de nossas relações afetivas, não fossem dois motivos. O primeiro é a presença amorosa e maternal de Anna, culminando numa bela imagem de Pietá. O segundo são as cenas finais mostrando o diário de Agnes, onde ela registra que, apesar de tudo, apesar de todo o sofrimento, da dor, da consciência de nossa finitude, ainda assim a vida merece ser vivida, nem que seja pelos fugazes momentos de felicidade que ela nos oferece.

Bergman não esquece a denúncia social, na medida em que a luta de classes aparece na forma desdenhosa com a qual os patrões discutem como se desfazer da fiel empregada que tantos serviços lhes prestara.

Psicanaliticamente, *Gritos e sussurros* não é tão rico quanto **Persona**, a não ser em apresentar com toda a crueza o ódio e a mesquinharia presente nas relações familiares.

Nestes dois filmes, Bergman privilegia personagens femininos, deixando os masculinos à sombra. Neste mundo feminino, as mães são distantes, frias, pouco afetivas.

Visualmente, *Gritos e sussurros* é um filme soberbo, com uma contida paleta de cores – vermelhões, pretos e brancos – que lhe confere um aspecto hierático e atemporal. O vermelho é a cor da alma – disse Bergman a esse respeito.

Em *Gritos e sussurros,* Bergman examina a questão do sofrimento humano, seja ele físico ou psíquico. Ele parece dizer que não há alívio para a dor na religião, na medicina e nem no contato humano. Vemos que uma das irmãs morre de câncer, enquanto as "sadias" padecem intensamente com seus conflitos psíquicos. Apenas Anna, a empregada, aparece como a mulher amorosa e maternal, cujos cuidados permitem a morta seguir seu caminho, ilustrando a afirmação de Freud de que o túmulo que nos encerra na terra nos devolve ao seio da mãe. Entretanto, Anna não conseguira salvar da morte sua única filhinha.

Sobre o título *Gritos e sussurros,* ele parece derivar de uma qualificação descritiva do "Concerto para Piano n. 21", de Mozart, feita por um crítico sueco, Yngve Flycht[2]. Evoca o dualismo contraditório, a tensão de sentimentos opostos no interior do psiquismo, já aflorado nas cores sempre opostas vermelho, preto e branco. Os gritos (dores e ódios) e os sussurros (palavras amorosas) se alternam sem cessar.

Tanto *Gritos e sussurros* como *Persona* não procuram delimitar fantasia da realidade, na medida em que é a realidade interna o que está em jogo.

---

[2] Disponível em: <http://www.sensesofcinema.com/contents/cteq/03/25/cries_and_whispers.html,>. Acesso em 19 mai. 2008.

Teorema, de Pasolini (1968)[1]

O filme de Pasolini foi lançado em 1968 no Festival de Veneza, quando recebeu o prestigiado prêmio do Office Catholique du Cinéma (OCIC). Sua exibição desencadeou grande polêmica na Itália. Ameaçado de prisão, Passolini foi atacado como "obsceno" pela direita e como "místico" pela esquerda. A Igreja Católica se viu obrigada a retirar o prêmio que lhe havia concedido.

A história é simples. Uma família da alta burguesia de Milão recebe inesperadamente um visitante, aparentemente um ser divino, anunciado por um suposto anjo. O visitante é visto lendo Rimbaud e Tolstói, ouvindo o "Requiem", de Mozart e praticamente nada fala. É sua mera presença o que mobiliza a todos da casa – o pai, a mãe, o filho, a filha e a empregada. Eles são

---

[1] Artigo publicado na revista *VIVER – Mente&Cérebro*, junho 2005, n. 149.

atraídos pelo visitante e o seduzem sexualmente. Tal como chegara, o visitante desaparece, deixando a vida de todos eles completamente revolucionada. O pai – grande industrial – abandona a fábrica para os operários. A mãe entrega-se a uma ninfomania desenfreada. O filho se descobre homossexual e procura com desespero achar um caminho para extravasar sua criatividade. A filha fica catatônica. A empregada volta para seu povoado onde começa a fazer milagres e passa a ser vista como santa.

Uma leitura datada veria o filme como o drama de uma burguesia acuada pelo anjo da revolução, pois a obra foi feita no auge da movimentação política da esquerda. O filme se inicia com uma entrevista dos operários da fábrica doada pelo proprietário, que se indagam se o gesto do patrão propiciaria ou dificultaria o avanço da revolução. Respeitando o *Zeitgeist*, o único personagem que cresce com a experiência vivida é a empregada. Santificada, ela faz o bem para todos. Uma idealização do proletariado, a classe que conduziria toda a sociedade para o paraíso socialista.

Mas *Teorema* transcende as polarizações ideológicas da época e se abre para questões mais amplas da existência humana.

Após a passagem do visitante, todos os personagens perdem suas identidades, devido a experiências inusitadas centradas na sexualidade. Os homens se desestruturam por se depararem com aspectos homossexuais até então desconhecidos. As mulheres, por se verem possuídas de um desejo avassalador e incontrolável.

Assim como transcendeu o aspecto meramente político, Pasolini também vai além das questões ligadas à sexualidade, transformando-a numa metáfora: o que acontece se uma experiência destrói todos os referenciais sobre os quais organizamos nossa personalidade, nossa identidade? O que acontece se perdermos os simulacros que nos identificam com o sexo, a posição social, a profissão? Restaria alguma coisa além do desespero, da angústia frente à percepção de um tempo voraz que nos consome e leva para a morte?

A imagem final mostra o pai que, depois de entregar a indústria para os empregados, vai para uma estação ferroviária, onde se despe. Nu, sai dali e chega a um ermo lugar, ao sopé de uma montanha ou vulcão. Na mais completa solidão, solta um plangente e doloroso grito.

Ao se despir de todos os valores que a cultura e o mundo simbólico nos oferecem para ocultar o real de um tempo mortífero, resta uma natureza inóspita, não tocada ou modificada pela mão humana. Resta o grito, manifestação primeira que antecede a linguagem. Mas talvez somente aqueles que enfrentaram esse despojamento e essa angústia poderão dizer que efetivamente viveram.

Impossível sair de Marienbad

(Comentários sobre *O ano passado em Mariembad* (*L'année Dernière à Mariembad*), de Alain Resnais (1961)[1]

O ano passado em Mariembad (1961) – filme de Alain Resnais e roteiro de Alain Robbe-Grillet – sempre me suscitou um grande interesse. Vi-o pela primeira vez na década de 60, numa sessão de clube de cinema universitário em Fortaleza. Foi uma experiência de grande estranhamento, pois era uma cópia não legendada e eu não sabia (como continuo sem saber) falar francês! Mas ficaram comigo aquelas imagens hieráticas, iterativas, solenes. Grupos de pessoas a cumprir, com um formalismo quase mecânico, um complicado minueto social no espaço fantasmagórico de um magnífico

---

[1] Artigo publicado na *Revista da Associação Psicanalítica de Curitiba*, Ano X, n. 13, dezembro de 2006.

palácio barroco e seu imenso jardim de simétrica e rígida geometria, vigiado eternamente por um casal de pedra em pose dramática. As estátuas – em sua veemência escultórica – pareciam mais intensas e vivas que as pessoas que por elas passavam.

Muitos tempo depois, há uns oito anos, revi-o no Centro Cultural Banco do Brasil aqui em São Paulo. Era uma cópia muito gasta, cheia de falhas, riscos e traços brancos. Mas desta vez ali estavam as necessárias legendas e me foi possível seguir a narrativa que reverberava em inúmeras repetições e retomadas no relato de uma história de amor em clima de incertezas e desconfianças. Mais uma vez senti-me arrebatado pela atmosfera marcada pelo palácio barroco e seu jardim, os quais – um, com sua grandiloquente arquitetura e pesada decoração; o outro, com sua matemática disposição racional do espaço – pareciam dominar a história, reger os destinos dos personagens principais.

Mais recentemente, revi-o várias vezes, numa cópia em DVD[2], usufruindo das facilidades introduzidas pela tecnologia. Com o DVD, o cinema pode ser visto como se lê um livro – com pausas, voltando páginas atrás, dando uma olhadinha mais à frente para ver como a coisa andou etc. Mais ainda, com a tecnologia o espectador pode até mesmo remontar o filme como bem entender, fazendo intervenções antes impensáveis.

Assim, pude avançar, retroceder ou me deter em determinadas sequências do filme quantas vezes quis, dirimindo dessa forma parte das dúvidas que nas vezes anteriores fui obrigado a suportar.

Não que todas elas ficaram solucionadas. É preciso lembrar que a estrutura narrativa de *O ano passado em Mariembad* procura deliberadamente o enigmático e não almeja encerrar-se numa conclusão definida.

---

2 "Continental Home Video".

O esboço do filme é relativamente simples. Num hotel de luxo em "Marienbad" – na verdade, filmado no Nynphenburg Schloss em Munique – um homem "X" tenta convencer uma mulher "A" que ela lhe prometera no ano anterior, naquele mesmo hotel, que abandonaria o marido "M"[3] e ficaria com ele, coisa que a mulher reluta em aceitar, negando ter feito tal promessa e até mesmo tê-lo conhecido anteriormente.

Dois grandes temas se perfilam imediatamente – tempo e memória.

Em função de um artifício narrativo extremamente bem-sucedido, o tempo parece congelado num presente permanente e infindável, que se refere sem cessar a um passado inatingível. Vemos o homem "X" falando com a mulher "A", tentando convencê-la de que houve um encontro no ano anterior, quando ela lhe teria feito a promessa. Ou seja, ambos estão no presente narrativo e se reportam a um momento no passado. Esse momento passado se presentifica ao ser relatado por "X", mas o que testemunhamos não é, como seria de se esperar, a cena que ele evoca – não vemos "A" fazendo a promessa. O que vemos é uma réplica exata do acontecimento "atual". Tal como no "presente", vemos "A" negando ter feito a promessa e "X" tentando convencê-la do contrário.

O passado evocado não abriga o acontecimento referido no presente. Aquilo que o "X" lembra ter ocorrido naquele passado, ao ser visto, remete a um "outro" passado, anterior àquele momento lembrado, a um "passado do passado".

Dizendo de outra forma, o acontecimento referido por "X" nunca aparece diretamente, o que vemos é a lembrança – afirmada

---

[3] Os personagens, que não são nomeados no filme são designados por essas iniciais no roteiro de Robbe-Grillet

O ano passado em Marienbad

por ele e negada por "A". Esse artifício narrativo dá uma profundidade absoluta ao relato, pois cria uma imagem em abismo, em espelho, fazendo com que a história particular daquele específico casal passe a ser uma história épica, coletiva, a história de todos os casais, uma infindável conversa entre um homem e uma mulher, num inesgotável processo de conquista e resistência, de promessa e negação da promessa, a referência a um passado mítico perdido e inacessível no qual a promessa teria sido proferida.

Mais ainda, a forma como o tempo é abordado em *O ano passado em Mariembad* se assemelha à concepção do tempo própria ao conceito de posteridade (*après-coup, Nachtraglichkeit*) – a incessante reatualização e ressignificação do passado em função das experiências do presente, o que torna muito problemática as próprias noções de passado e presente, como diz Derrida:

> Que o presente em geral não seja originário, mas reconstituído, que ele não seja a forma absoluta, plenamente viva e constitutiva da experiência, que não haja pureza do presente vivo, este é o tema, formidável para a história da metafísica, sobre o qual Freud convida a refletir por meio de um conceitualismo desigual à coisa em si. Este pensamento é sem dúvida o único, na metafísica ou na ciência, que nunca se esgota[4].

Em tudo isso, fica evidente o papel determinante e ambíguo da memória. O que "X" diz é verdade ou mentira? É um delírio? O que ocorre com "A"? Ela não lembra? Estaria fingindo que esqueceu? Tenta negar a realidade? "A" e "X", estariam ambos loucos?

Como disse anteriormente, a locação de *O ano passado em Mariembad* tem papel central na narração. O grandioso palácio

---

[4] DERRIDA, Jacques. L'écriture et la différence, Paris, Seuil, 1967, p.314. In: MAJOR, René. *Lacan com Derrida.*, Civilização Brasileira: Rio de Janeiro, 2002. p.15.

barroco, com seus corredores, salões, lustres, estuques, apliques, tapetes e, especialmente, seu jardim francês – geométrico, racional, de enlouquecedora simetria –, talvez seja o personagem principal do filme. Parece-me que esse espaço com características tão especiais é a própria caracterização do mundo simbólico, da cultura, de tudo aquilo que nos afasta da natureza. Isso fica especialmente evidente no jardim, onde a rígida geometria estabelecendo áreas simétricas mostra a submissão completa da natureza aos padrões artificiais da cultura. O palácio e o jardim representam nossa submissão inevitável ao simbólico. "A", "X" e "M", tomados pela voragem de seus desejos e amores, estão enquadrados pelos moldes rígidos da cultura. Estão presos naquele palácio, assim como estão limitados à estrutura simbólica que condiciona a expressão e a regulação de suas pulsões amorosas e agressivas.

Esse espaço parece representar diretamente o inevitável "mal-estar da civilização", o preço pago em repressão das pulsões que torna possível a vida em sociedade. O papel determinante do mundo simbólico e representacional que envolve e domina nossos destinos fica sublinhado na ênfase com que Robbe-Grillet e Resnais abordam a estrutura geométrica do jardim, que é mostrada muitas vezes, tanto de forma direta, como em representações gráficas e pictóricas, algumas mais esquemáticas, outras mais figurativas. Estamos submetidos à representação, não temos mais acesso direto à Coisa, ao *Das Ding* freudiana. Perdemos definitivamente o objeto e dele só temos representações, simulacros, substitutos, palavras – é, ao que parece, o que os autores dizem. Daí talvez o aspecto lutuoso indissociável dos processos culturais e que exala do velho palácio.

A importância do mundo representacional se evidencia imediatamente ao começar o filme, quando se ouve uma voz que repete um longo e solene comentário em tom cadenciado, ritualístico, evocativo, encantatório e hipnótico, enquanto a câmara mostra o esplendor inquietante do palácio, suas dependências, os imensos e vazios salões. "Mais uma vez – eu ando, mais uma vez, por esses corredores, através dessas salas, dessas galerias, nessa estrutura – de um outro século, esse hotel enorme, luxuoso, barroco e lúgubre onde corredores se sucedem a corredores sem fim – silenciosos e desertos corredores... Salões vazios, corredores, salões, portas. Portas. Salões. Cadeiras vazias..." – diz a voz, que vamos reconhecer como a de "X", mas que é também a do ator que está representando Rosmer no pequeno teatro do hotel.

No teatro, a representação da vida. Na vida, a representação teatral, evidente na forma quase pouco espontânea e natural com a qual os hóspedes do hotel repetem frases e atitudes em franca mascarada social.

Da mesma forma, as estátuas que dominam o jardim também têm fortes conotações simbólicas. Em sua fixidez imutável, paradoxalmente lembram as pessoas do hotel fixadas em comportamentos estipulados pelas convenções sociais e, ao mesmo tempo, em sua eloquência gestual, como já disse, parecem mais cheias de vida que os sujeitos que perambulam pelo jardim e pelo palácio.

"X" e "A", que muitas vezes se encontram nas proximidades dessas estátuas, tentam descobrir seu significado. "X" pensa que a figura masculina adverte à figura feminina de um perigo, como se, com seu gesto largo, a impedisse de cair em algum abismo, contendo-a com o braço a sua frente. "A" faz outra interpretação. Para ela, a figura feminina, ao apontar o longe, mostra à masculina uma paisagem que se descortina. "X" responde dizendo que as duas interpretações não se excluem: poderia ser que, do alto de um penhasco, o homem protege a mulher que lhe mostra a paisagem dali descortinada, evitando que ela dê um passo a mais e caia no abismo. Ao fazerem tais interpretações, os dois criam uma metáfora do amor de um casal que se apoia e protege mutuamente nos perigosos caminhos da vida.

Significativamente, neste momento da discussão, chega o marido e "M" dá a informação objetiva sobre o significado das estátuas, até então desconhecido pelos dois. Elas representam o Rei Carlos III e sua mulher num episódio importante de sua história – o juramento frente à Dieta no momento de seu julgamento por traição. Estão vestidos de maneira clássica por pura convenção estética. Com sua presença e conhecimento, "M" rompe as fantasias amorosas que "A" e "X" desenvolviam e – sem o saber – retoma o tema que os obcecava – juramento, promessa e traição. Além disso, "M" reafirma a existência de um passado histórico – não só o do casal real representado nas estátuas, mas o deles mesmos – passado que não pode ser negado ou recriado ao bel-prazer das circunstâncias do presente.

A insistência de "X" termina por surtir efeitos. Aos poucos, "A" vai reconstruindo em sua mente as cenas evocadas por "X", até lembrar inteiramente do fato que até então negava. A lembrança envolvia uma situação traumática, na qual "M", o marido, desconfiado da traição, adentra o aposento e dispara seu revólver.

Entende-se então a atitude de negação que "A" vinha mantendo. Ela havia reprimido ou negado a cena traumática e somente ao recuperá-la pode tomar a decisão e cumprir com sua promessa.

Embora essa formulação possa ser postulada, persistem alguns elementos obscuros. Constatamos ainda ali as incertitudes da memória. Na cena em que "X" e "A" teriam sido flagrados pelo marido, quando ele teria dado um tiro em "A", fato que talvez explique sua amnésia traumática, razão de sua insistente negação do fato, vemos que a roupagem e a decoração do quarto diferem radicalmente na lembrança dele ("X") e dela ("A"). Estaria "A" criando uma "falsa memória" a partir da insistência de "X", o que mostraria sua fragilidade psíquica, a inconsistência de seu ego? Ou a cena mostra as peculiaridades do registro mnêmico de cada um? Teria efetivamente tudo aquilo acontecido daquela forma? Seria apenas uma ficção? Essa última questão tem um peso especial. Num momento decisivo, em que "A" está prestes a lembrar dos fatos sobre os quais "X" tanto insiste, ele diz que o marido a matara. E logo se corrige, dizendo: "essa parte da história não está boa, pois precisa de você ("A") ainda viva". Da mesma forma, "X" corrige uma outra cena, onde parecia investir sexualmente de forma agressiva sobre ela.

Com essa reviravolta, a história adquire um outro nível de significação. Teria "M" efetivamente assassinado "A" e tudo não passa de uma tentativa de elaborar o luto por parte de "X", que deseja recriar a história com um final mais feliz? Ou observamos um autor criando seus personagens, arbitrariamente decidindo sobre seus destinos?

De qualquer forma, ficou perdido o registro mais realístico e se configura não mais a narração direta de uma ficção, mas a narração da feitura de um trabalho de ficção. Não a história pronta e acabada e sim o processo de sua produção.

O aspecto propriamente edipiano aparece na situação triangular de um casal e um homem que tenta separá-lo. A personagem feminina "A" mostra grande ambiguidade e ambivalência – vítima impotente e masoquista ou mulher maquiavélica e manipuladora? Mentirosa ou amnésica em função de uma experiência traumática? "M", o marido, tem uma caracterização interessante. Ele é o mestre de um jogo do qual é sempre vencedor. Nem por isso "X", o amante, deixa de desafiá-lo sempre que pode, quando constata a supremacia do outro. Irritado, "X" diz para "M": "Se você sempre ganha, deixa de ser um jogo". "M" responde: "Posso perder, mas sempre ganho". Poderia ele ser uma imagem paterna, o "dono" da mulher desejada, desafiado permanentemente pelo filho? A persistência de "X" em separar o casal e arrebatar a mulher ilustra o artigo de Freud sobre a psicologia do amor, dos casos nos quais a escolha amorosa pressupõe o impedimento por causa de um compromisso existente por parte da mulher amada[5].

É possível que o entendimento de *O ano passado em Mariembad* fique facilitado se soubermos que foram rastreados antecedentes do roteiro de Alain Robbe-Grillet. Um deles é a novela *A invenção de Morel*, de Bioy-Casares[6]. Nela, um náufrago chega a uma ilha onde, sem ser visto, observa os hábitos estranhos de seus habitantes, que repetem incansavelmente os mesmos gestos, atitudes e situações, dia após dia. Sua perplexidade se esvai quando entende que aquilo que vê não são corpos humanos verdadeiros em interação, e sim imagens holográficas gravadas e projetadas automaticamente por uma máquina inventada pelo proprietário da ilha, Morel. Se desta forma as pessoas ficam imortalizadas, elas perdem a vida no processo de serem registradas pela máquina. Apaixonado por uma das imagens de mulher que vê, o náufrago planeja deixar-se captar pela máquina para, desta forma, poder dela ficar junto.

Dois outros precursores de *O ano passado em Mariembad* são as peças *The máster bilder* e *Rosmersholm*, de Ibsen[7,8]. Na primeira, segue-se o drama do arquiteto Solness, que em sua busca de fama e prestígio alcança grande proeminência. Mas sua ambição tem um alto custo, afastando-o da mulher e dos amigos. Arrebatara

---

[5] FREUD, Sigmund. Um tipo especial de escolha de objeto feita pelos homens. Contribuições à Psicologia do Amor I. In: Standard Edition. Vol. XI. Rio de Janeiro: Imago. p.147-159.
[6] *The New Encyclopaedia Britannica*, verbete "Bioy Casares, Adolfo" – 15 th. Edition.
[7] Walter W. Kirsch Jr.Marienbad revisited. In: *Creative Screenwriter*. Disponível em: <www.creativescreenwriting.com e www.geocities.com/Hollywood/academy/7909/Marienbad.htm>.
[8] Laurence Russell (www.culturecourt.com/F/NewWave/Marienbad.htm).

o comando da firma do antigo chefe – que passa a ser seu assistente – e impede que o filho dele tenha oportunidades profissionais. Nesse momento, entra em cena Hilde, uma jovem mulher que conhecera Solness dez anos antes, quando ele construíra uma igreja em sua cidade natal. Naquela ocasião, ela tinha doze anos e Solness lhe teria prometido "um império". Ela está ali para cobrar-lhe o cumprimento da promessa e ele nada se lembra do que ela afirma. A presença de Hilde e sua cobrança fazem com que Solness se defronte com as escolhas que fizera no correr de sua vida e o preço que pagou por elas, o que o leva a um final trágico.

A segunda, *Rosmersholm,* trata da história do aristocrata Johannes Rosmer, que tenta se libertar das convenções sociais, buscando um ideal de liberdade. Sua aliada nessa empreitada é uma querida amiga, Rebekka West. Os dois encontram obstáculos na consecução de seus objetivos na pessoa do cunhado de Rosmer, Professor Kroll. O tema dominante na peça é a dificuldade em lidar com o próprio passado. Os personagens o negam, não conseguem integrá-lo em suas vidas, o que tem graves consequências. Dela há uma referência direta em *O ano passado em Mariembad*: vê-se o nome "Rosmer" num pequeno cartaz à entrada do teatro onde está sendo encenada uma peça.

É interessante lembrar que Freud faz uma extensa análise desta peça de Ibsen em seu artigo "Alguns tipos de caráter encontrados no trabalho psicanalítico", de 1916[9].

Assim, a partir do aspecto mecânico da sociedade de espectros de Bioy-Casares, a repetirem infinitamente os mesmos gestos e palavras, e da traição de antigos compromissos e relações afetivas dos personagens de Ibsen, impossibilitados de cumprirem com

---

[9] FREUD, Sigmund. Os arruinados pelo êxito. Alguns tipos de caráter encontrados no trabalho psicanalítico, 1916. In: *Edição Standard*. Vol. XIV. Rio de Janeiro: Imago Editora, 1974. p. 357-374.

promessas esquecidas feitas no passado, Robbe-Grillet criou os hóspedes do hotel de Marienbad.

Dentre os artigos que pesquisei para escrever esse texto, chamou-me a atenção o título de um deles, De volta a Mariembad[10], uma possível homenagem a Scott Fitzgerald[11]. Pensei que talvez ele não fosse muito apropriado. Se *O ano passado em Mariembad* nos remete à estrutura simbólica que rege a cultura e nos impõe o mal-estar inevitável, se nos mostra os meandros da paixão humana ecoando os labirintos edipianos do amor impossível e incestuoso, será que podemos dizer que alguma vez efetivamente *saímos* de Marienbad? Não estaríamos para sempre confinados em seus domínios e interiores? Como poderíamos *voltar* para um lugar do qual nunca saímos, do qual *não podemos sair,* lugar que nos constrange mas nos protege do turbilhão desagregador da tempestade psicótica?

---

[10] Vide nota 28.
[11] F. Scott Fitzgerald tem um conto intitulado "De volta a Babilônia" ("Babylon revisited"), que deu origem ao filme *A última vez que vi Paris* (*The last time I saw Paris*), dirigido por Richard Brooks (1954).

Sobre o filme *Carta de uma desconhecida*

(*Letter from an Unknown Woman*), de Max Ophuls (1948), baseado no conto homônimo de Stefan Zweig.

O enredo

Alta madrugada, amigos deixam Stephan Brand (Louis Jourdan) em sua residência. Logo mais todos teriam que acordar cedo, desde que nas primeiras horas da manhã Brand deveria comparecer a um duelo para o qual fora desafiado por um marido traído e os amigos seriam suas testemunhas. Quando ele desce da carruagem, seus companheiros expressam dúvidas quanto a sua disposição de honrar o compromisso, refletindo que desta vez ele calculara mal e fora surpreendido, deparando-se com um temível adversário. Efetivamente, ao entrar em casa, Brand diz ao *valet de chambre* para preparar sua bagagem, pois pretende fugir da cidade, evitando o duelo. O empregado se retira para cumprir as ordens e lhe entrega uma carta que chegara há pouco.

Ao ler a carta, Brand se intera de fatos que até então lhe eram desconhecidos e que terão graves consequências sobre seu destino.

A carta fora escrita por uma desconhecida Lisa (Joan Fontain), que ele vem a descobrir ser uma jovem mocinha que, muitos anos antes, fora sua vizinha. Em *flashbacks,* seguimos a forte paixão que Lisa desenvolveu por Brand, sem que ele disso se apercebesse. Vemos o interesse de Lisa com a chegada do novo inquilino, a curiosidade que lhe despertam seus objetos e móveis, a admiração que lhe causa o fato de ser ele um pianista famoso e requisitado, o encanto que sua música lhe provoca, os ciúmes que sente ao constatar seu grande sucesso com as mulheres. Numa ocasião, com a desculpa de ajudar o *valet de chambre* de Brand na limpeza do apartamento, penetra na casa e fica ali bisbilhotando até ser surpreendida pelo empregado.

Algum tempo depois, no mesmo local da escada de onde observava a chegada de Brand com suas mulheres, Lisa surpreende a mãe com um homem. A mãe então lhe informa que sua viuvez chegara ao fim e que aceitara a proposta de casamento daquele pretendente. Deixariam Viena e morariam em Linz. Para surpresa da mãe, a notícia deixa Lisa furiosa. Em Linz, para o contentamento da mãe, Lisa é cortejada por um jovem e promissor oficial, sobrinho de um militar importante. Quando ele lhe pede a mão, ela inexplicavelmente diz estar comprometida com um homem em Viena, o que deixa em maus lençóis a mãe e o padrasto, que incentivavam o rapaz através da amizade com seu poderoso tio.

Lisa rompe com a família e volta sozinha para Viena, ocupando uma profissão ambígua de manequim de alta costura. Enquanto suas companheiras se dedicam a uma prostituição camuflada, ela se resguarda e acompanha de longe a vida de Brand.

Numa ocasião, finalmente eles se encontram. Ela não revela sua identidade e por alguns dias ficam juntos. Brand leva Lisa a um parque de diversões, onde ela relembra as viagens imaginárias que fazia com seu pai por países distantes, como o Brasil. Logo Brand parte em uma viagem de trabalho, prometendo voltar em uma semana, coisa que não acontece.

Grávida e abandonada, Lisa dá a luz e se recusa a dizer o nome do pai, cuidando da criança sozinha.

Anos depois, está casada com um rico e poderoso homem da sociedade vienense, que a acolheu com o filho, sabendo de seu antigo amor por Brand.

Numa noite, indo à ópera com o marido, encontra Brand no teatro, onde ouve comentários que dão conta de seu fracasso como músico e da vida de dissipação que passara a levar.

Lisa e Brand trocam olhares. Alegando um mal-estar, Lisa deixa o marido no camarote e diz voltar para casa. Enquanto aguarda a carruagem, é abordada por Brand, que diz achar familiar sua fisionomia e pergunta se já se encontraram antes, insistindo em revê-la.

Para poder se dedicar mais a seu amor, Lisa manda o filho de volta para o colégio interno noutra cidade.

Sem poder controlar seus desejos, Lisa procura Brand, apesar de advertida pelo marido de que perderia tudo se assim o fizesse.

Lisa vai à casa de Brand, ignorando que estava sendo seguida pelo marido. Brand morava ainda no antigo endereço. Lisa encontra o mudo *valet de chambre,* que a reconhece, o que não ocorre com Brand, que continua ignorando sua identidade. Lisa constata então que ele não mais se dedicava à música, vivia numa sequência de conquistas amorosas e bebidas. Aproveitando-se de que ele se afastara para trazer uma bebida, sem atentar para o desejo dela de se identificar e contar de sua vida, Lisa foge, arrependida, reconhecendo pela primeira vez que estava completamente equivocada quanto ao homem que julgava conhecer tão bem. Mas era tarde demais.

Brand continua a ler a carta na qual todos esses fatos são relatados e sabe que seu filho com Lisa morrera, vitimado pelo tifo que infectara a cabine do trem que o levaria de volta ao colégio e na qual ele a mãe ficaram um pouco. Lisa também se contaminara e escreve que, se Brand estivesse lendo a carta, isto significava que ela também teria morrido. De fato, a carta é interrompida e há uma nota, assinada por alguém do hospital, de que a paciente Lisa falecera e que a administração se encarregara de enviar a carta para seu suposto destinatário.

Atordoado, Brand pergunta ao *valet de chambre* se ele sabia quem era a mulher. Por ter ficado lendo a carta e se ocupado com rememorações, Brand não realizara seu plano de fuga. O tempo passara e chegaram os amigos para levá-lo para o duelo. Já não dá mais para fugir. Ao sair de casa rumo ao local do embate, vemos que o desafiante é o marido de Lisa.

Comentários

À primeira vista, dada sua estrutura narrativa na qual prevalece a voz de Lisa, *Carta a uma desconhecida* parece uma desesperada história de amor, o relato de uma extrema devoção, de um amor desinteressado e puro por parte da missivista, que se perde frente ao egoísmo de Brand.

Numa segunda visada, fica claro que Lisa tinha um delírio erótico centrado em Brand, uma erotomania de funestas consequências para todos.

O delírio de Lisa faz com que ela destrua praticamente tudo à sua volta – a relação com os pais, a possibilidade de um casamento feliz com o pretendente militar, o casamento com o homem rico e poderoso, a vida do filho, sua própria vida, além de colocar em risco a vida de Brand e do marido, que se baterão em duelo.

A atitude de Lisa nos remete às considerações de Freud sobre a escolha de objeto, a forma como encontramos o amor na vida adulta.

A maneira desviante pela qual Lisa vai escolher seu objeto amoroso se apresenta quando se apaixona secretamente pelo pianista Brand, ao contrário da amiguinha de escola que lhe serve de contraponto. Esta amiguinha parece mostrar a evolução "normal" do comportamento erótico – está interessada num companheiro de classe, cujas investidas sexuais são claras e definidas e lhe suscitam igual interesse. A colega diz não entender por que ela se interessa por um "velho", que "faz tanto barulho" – referindo-se depreciativamente à música tão prezada por Lisa.

Posteriormente, o desvio de Lisa se cristaliza quando recusa a proposta do jovem militar. Francamente fora da realidade e gerando grande constrangimento familiar, diz ter um pretendente em Viena.

Em *A introdução ao narcisismo*[1], diz Freud que a escolha do objeto se dá sob duas formas: a "anaclítica" (ou "de apoio") e a narcísica. Na primeira, as pulsões sexuais se "apoiariam" nas pulsões de autoconservação. O sujeito escolheria seu objeto de amor tendo como modelo aquelas pessoas que por ele foram

---

[1] FREUD, Sigmund. Introdução ao narcisismo. In: Edição Standard. Vol. XIV. Rio de Janeiro: Imago Editora, 1974. p.85-121.

responsáveis na infância – o pai que protege e a mãe que cuida. Na segunda, o sujeito escolhe o objeto de amor tendo a si mesmo como objeto – o que se é, o que se foi, o que gostaria de ser, alguém que foi parte de si mesmo (como um filho foi parte da mãe).

A relação de Lisa com Brand poderia fundir essas duas características. Até certo ponto, vê em Brand uma figura paterna, um homem mais velho, cheio de mulheres. Quando finalmente tem um contato real com ele, revive uma relação paterna, indo extemporaneamente a um parque de diversões, relembrando viagens imaginárias que fazia com o pai quando criança. Sob esse aspecto, a escolha objetal de Lisa poderia ser vista como "anaclítica".

Por outro lado, sua escolha tem fortes tons narcísicos. Ela não consegue "ver" a pessoa real de Brand. Ela o idealiza e constrói uma figura que é uma projeção de seus desejos e fantasias, que nada tem a ver com a pessoa que ele efetivamente é.

Essas duas facetas teriam um paralelo nas descrições feitas posteriormente pelo próprio Freud dos estados de enamoramento e dos mecanismos próprios da psicologia das massas.

No enamoramento, o equilíbrio entre a libido objetal e a libido narcísica fica alterado devido ao investimento feito pelo ego no objeto. O ego fica empobrecido e submetido ao objeto amoroso engrandecido. É o contrário do processo de identificação, quando o ego se enriquece com o retorno da libido objetal para o ego.

Em *Psicologia dos grupos e análise do ego*[2], Freud mostra como um objeto externo é colocado no papel do ideal do ego de vários sujeitos, que se identificam entre si.

Esses processos, mais "normais", não acontecem em *Carta de uma desconhecida*. Não se trata de um enamoramento, pois

---

[2] FREUD, Sigmund. Psicologia dos grupos e análise do ego. In: *Edição Standard*. Vol. XVIII. Rio de Janeiro: Imago Editora, 1976. p. 89-167.

mesmo ai, o ego mantém uma discriminação frente ao objeto, o sujeito sofre exatamente por se reconhecer diferente do objeto e dele necessitar. Na erotomania, como em todo delírio psicótico, perde-se a discriminação entre ego e objeto, o sujeito não se distingue do outro, que passa a ser um apêndice seu, sem que lhe seja reconhecida nenhuma autonomia.

Não é que Lisa invista excessivamente na pessoa de Brand e com isso passe a dele depender. Lisa não se discrimina de Brand, ele é uma figura imaginária que ela criou, afastando-se da realidade.

É de se pensar por que a vida erótica de Lisa toma rumos tão dificultados e complicados, se a compararmos com a de sua amiguinha às voltas com um companheiro de escola. Por que ela não pode ter um namorado ou um marido que satisfaça seus desejos, por que escolhe uma pessoa inacessível, por que evita contatos amorosos a não ser com aquele homem idealizado, por que tem de pagar um preço tão alto por essa escolha, por que não pode ser feliz e usufruir o que a vida lhe oferece?

A hipótese mais imediata é supor a conotação incestuosa da escolha amorosa – no caso, a clara identificação de Brand com o pai de Lisa. Isso faz com que sejam despertados intensos sentimentos de culpa e a necessidade de punição.

Como vimos, ao tentar realizar seus desejos eróticos, Lisa termina por destruir a si mesma e a todos aqueles a quem estava ligada – pais, filho e, eventualmente, marido e o próprio Brand.

Assim, a erotomania de Lisa se desenvolveria num campo melancólico, onde a pulsão de morte, através do masoquismo primário, se junta a um superego implacável, impondo a compulsão à repetição que a faz abandonar o marido, retornando ao antigo "amor".

O tema de *Carta a uma desconhecida* nos lembra ainda os textos freudianos ligados à psicologia do amor, nos quais discorre sobre as diversas modalidades de condicionamentos decorrentes de fixações à situação edipiana e ao complexo de castração – homens que só se apaixonam em situações triangulares; outros que só podem ter vida sexual com mulheres vistas por eles como inferiores ou depreciadas; fantasias ligadas à virgindade e à vagina dentada.

Nestes textos, encontra-se uma afirmação de Freud que não só continua muito atual como parece responder a uma série de questões postuladas mais recentemente, questões centradas em torno das chamadas "novas patologias".

Tais questões partem do pressuposto de que a repressão sociocultural das práticas sexuais hoje é muito diferente daquelas da época de Freud, mudança para a qual a própria psicanálise teve grande importância.

Freud lembra que em épocas pretéritas havia uma liberdade excessiva da sexualidade. Mas isso em nada alteraria os pressupostos analíticos, pois é da natureza do instinto sexual não se satisfazer plenamente devido a dois fatores. Primeiro pela eclosão bifásica da escolha de objeto – os objetos primários (mãe, pai) devem ser abandonados devido à barreira do incesto e em seus lugares são colocados os objetos substitutos. Em segundo, pela necessária supressão de elementos parciais da sexualidade, especialmente os coprofílicos, abandonados pela posição ereta adquirida pela humanidade no correr da evolução das espécies, dando novos estatutos aos sentidos, especialmente o do olfato. O mesmo se dá com a violência, a agressão, o sadismo[3].

---

3 FREUD, Sigmund. Sobre a tendência universal à depreciação na esfera do amor (contribuições à psicologia do amor II) In:*Edição Standard*. Vol. XI. Rio de Janeiro: Imago Editora, 1970. p.170-173.

Freud lembra que "entre fezes e urina" está o sexo, que "anatomia é o destino", que a sexualidade é um aspecto animal difícil de educar e compatibilizar com a civilização.

Desta forma, a argumentação de Freud pode ser aplicada aos tempos atuais, desde que, tal como em "épocas pretéritas", goza-se de uma excessiva liberdade sexual.

Ainda dentro da psicologia amorosa, *Carta a uma desconhecida* oferece um outro ângulo. Vista sob o prisma de Brand, que nada sabia do que estava acontecendo, Lisa assume a figura de uma terrível *femme fatale* que destrói aquilo que toca. Ela evoca o poder primitivo e assustador das mães antes que a figura do pai seja plenamente reconhecida e instaladora da lei, impondo uma realidade menos ameaçadora.

Sobre o filme

Carta de uma desconhecida foi dirigido por Max Ophüls, diretor alemão com extensa e aclamada filmografia realizada na Europa e em Hollywood. O filme foi considerado obra relevante a ser zelada pela *Library of Congress*.

Sobre Stefan Zweig

- Oriundo de família rica, era o segundo filho, o que o poupou da obrigação de seguir cuidando dos negócios do pai.
- Muito inseguro, colocava-se a serviço daqueles que considerava como homens de gênio. Neste empenho, conseguiu se indispor com Thomas Mann e Hoffmansthal. Escreveu muitas biografias dos homens que admirava – Verlaine, Balzac, Dickens, Dostoievsky, Romain Rolland, Holderlin, Kleist,

Nietzsche, Stendhal, Tolstoi, Freud, Erasmo, Maria Antonieta, Maria da Escócia, Maggelan.

- Casou-se com Frederika von Winternitz, uma de suas correspondentes, pois recebia muitas cartas de admiradoras. Ela abandonou o marido para ficar com Zweig. Era uma jovem escritora e viveram juntos 20 anos, de 1910 a 1930, considerados o período mais fértil do escritor. Entre 1920 e 1930, Zweig foi imensamente popular, uma "celebridade" tal como concebida atualmente. Foi um dos autores mais traduzidos do mundo. Atualmente sua obra sobrevive mais na língua francesa e alemã, com poucas edições em inglês. Em 1933, sua esposa contratou-lhe Lotte, uma nova secretária, 27 anos mais nova que ele, uma judia alemã cuja família tivera de fugir da Europa. Neste mesmo ano, seus livros foram queimados em praça pública pelos nazistas em Viena e em 1935 a ópera de Richard Strauss, cujo libreto escrevera, foi suspensa por essa razão.
- Em 1938 pediu divórcio da mulher e em 1939 casou-se com a nova secretária.
- Em 1938, escreve *Cuidado com a piedade*[4], um livro centrado na chantagem emocional e na manipulação da culpa. Hoffmiller, o herói, acha que comprometeu a honra de seu batalhão com a *gaffe* cometida na casa do ricaço da cidade onde estavam aquartelados e tem de limpá-la a todo custo. Convidara Edith, a filha do anfitrião, para dançar sem saber que ela era paralítica. Por causa disso, sente-se obrigado a visitá-la diariamente. Fica submetido à grande culpa, que o impede de usufruir situações de prazer. Numa ocasião, está galopando feliz e orgulhoso, pois a equitação lhe proporciona grande satisfação, quando repentinamente se lembra

---

[4] ACOCELLA, Joan. Beware of pity. *The New York Review of Books*, v. 53, n. 12, july 13, 2006.

da pobre moça e refreia o cavalo. Edith passa a torturá--lo com sua deficiência. Hoffmiller se deixa seduzir pelo dinheiro e as facilidades que ali encontra, até o momento em que Edith diretamente lhe propõe casamento, quando ele se afasta. Edith se mata e ele arrasta a vida num eterno complexo de culpa.

- Suas histórias são quase casos clínicos de psicanálise, excessivamente mórbidas, incômodas, numa mistura de sexo e loucura. A paralítica Edith poderia ser Lotte – asmática e dependente dele.
- Frederika, numa biografia, diz que Zweig nunca se entendeu com a mãe e que o relacionamento deles teria provocado extensas feridas na alma dele.
- Politicamente, Zweig era pacifista e lutava contra os nacionalismos, teria sido um precursor da comunidade europeia. Apesar disso, nunca se manifestou publicamente contra a guerra.
- O conto "Amok" mostra um médico que se recusa a fazer um aborto numa antiga namorada, ela o faz assim mesmo e ele fica se culpando pelo resto da vida.
- Era amigo de Freud e foi escolhido para fazer seu elogio fúnebre junto com Jones.
- *A cura pelo espírito* irritou Freud por tê-lo colocado ao lado de Mary Baker Eddy da Ciência Cristã.
- Apresentou Freud a Salvador Dali e a Romain Rolland, com quem organizou movimentos pacifistas.
- Seu segundo casamento irritou Martha Freud.
- Freud analisou um conto seu em "Dostoievsky e o parricídio"[5]. É o "24 horas na vida de uma mulher", sobre

---

[5] FREUD, Sigmund (1928). Dostoievsky e o parricídio. In: *Edição Standard*. Rio de Janeiro: Imago Editora, 1974. p 203-224.

um jogador. Nele, uma mulher de 62 anos conta que aos 42, num cassino, se impressionara com as belas mãos de um jovem que tem a idade do mais velho de seus dois filhos. Observa que o rapaz perdera tudo no jogo e saíra em desespero para a praia. Seguira-o, tranquilizara-o, dera-lhe dinheiro e dormira com ele, fazendo-o prometer que partiria no dia seguinte, sem voltar ao cassino. Ela mesma, de volta a seu hotel, pensa que deixará tudo para segui-lo. Fatores externos impedem sua chegada ao trem e ela volta ao cassino, onde – para sua surpresa – reencontra o jovem jogando com o dinheiro que lhe dera. Ao se apresentar a ele, o rapaz faz uma cena, sai do cassino e em seguida se mata. A interpretação freudiana do conto mostra como ele é a realização do desejo incestuoso consumado e punido com a morte. O jogo e a importância das mãos indicariam a masturbação e as variadas imagens que o adolescente faz da mãe. Freud perguntou a Zweig se ele colocara conscientemente esses elementos no conto, o que ele negou.

- Suicidou-se no Brasil, em Petrópolis, em 1942, ingerindo comprimidos junto com a mulher, deixando carta ao Brasil.
- É autor de *Brasil – o país do futuro*.

Algumas ideias sobre *O triunfo da vontade* (*Triumph des Willens*), de Leni Riefenstahl (1935)

É imensa e de fácil acesso a bibliografia sobre o nazismo e sobre o *O triunfo da vontade*, o filme de Leni Riefenstahl que registra o congresso do Partido Nacional Socialista realizado em Nuremberg em 1934.

Tido como um paradigma dos filmes de propaganda política, *O triunfo da vontade* é todo voltado para a transmissão de uma mensagem ideológica – a da coesão do povo alemão em torno de Hitler. O filme mostra impressionantes cenas das massas paramentadas executando coreografados desfiles militares intercaladas com discursos proferidos por vários líderes nazistas, inclusive o próprio Hitler, além de imagens de homens, crianças e mulheres confiantes no grande comandante que os levaria para um grandioso futuro.

Como toda ideologia, o nazismo propagava uma visão de mundo fechada e intolerante com qualquer discordância que a questionasse ou a colocasse em risco. É próprio das ideologias promover a extrema condensação de ideias em slogans, impossibilitando o pensamento de exercer uma análise e discriminação crítica. Como diz o filme: "Hitler é o partido, é a nação, é a Alemanha". Os que não aceitam esta afirmação se transformam automaticamente em inimigos, bodes expiatórios nos quais é projetado o que deve ser eliminado para que persista a autoidealização narcísica.

É de se imaginar o terror que as manifestações registradas por Leni Riefenstahl teriam suscitado naqueles que não comungavam com o ideário nazista. Afinal, *O triunfo da vontade* mostra o enlouquecimento coletivo de uma nação, mergulhada num projeto delirante, assassino, onipotente e megalomaníaco.

O filme é uma excelente ilustração do texto freudiano *Psicologia das massas e análise do ego*[1]. Nele, Freud descreve de maneira clara os mecanismos psíquicos inconscientes que tornam possível a coesão uniforme e inquestionável das multidões em torno de um líder – a massa coloca o líder como ideal do ego compartilhado por todos, promove uma identificação entre seus componentes e quer eliminar qualquer um que se oponha a isso.

Ao vermos hoje *O triunfo da vontade* e sabedores das monstruosidades posteriores cometidas pelo nazismo, somos tentados a circunscrever o fenômeno àquele tempo e lugar e a respirar aliviados, como se tudo estivesse acabado.

---

[1] FREUD, Sigmund (1921). Psicologia de Grupo e a Análise do Ego. In: *Edição Standard Brasileira das Obras Psicológicas Completas*. vol. XVIII. Rio de Janeiro: Imago, 1976.

Tal conclusão é equivocada. Não leva em conta que as dinâmicas inconscientes que estão na base das ideologias e da psicologia das massas continuam presentes, podendo ser manipuladas da mesma forma, caso as circunstâncias históricas assim o permitam. A tentação ideológica é muito forte e apela para anseios profundos e regressivos das massas cansadas e desiludidas, sequiosas por serem salvas por algum messias. A ideologia lhes oferece certezas simples e dogmáticas num mundo cada vez mais complexo e difícil de entender. Dá-lhes uma identidade e o sentimento de pertencimento a algo maior e transcendente, algo que lhes falta em sociedades progressivamente mais desagregadas e anômicas. A única defesa que a sociedade pode oferecer a este perigo é o fortalecimento da democracia e a compreensão psicanalítica das ilusões que a ideologia apregoa.

Onde o monstro totalitário ideológico se esconde agora? No fundamentalismo religioso do Islã? No discurso imperialista do Pentágono da era Bush e sua defesa do mundo "livre"? Na propaganda comercial incessante a induzir o consumo? Do ponto de vista ideológico, o que ocorre num país como o Brasil? Haveria alguma ideologia compartilhada pela maioria? Ou continuaríamos tão atrasados em nossas instituições sociais que pareceríamos estar aquém dos perigos decorrentes de quaisquer ideologias político-partidárias? Nossas alienadas massas continuariam presas nos currais eleitorais, vendendo seus votos diretamente por quinquilharias? Seriam a ideologia religiosa e o amor ao futebol as únicas crenças compartilhadas pelo povo?

Retornando ao *O triunfo da vontade*, Susan Sontag, em seu ensaio "Fascinating fascism"[2], rebate as afirmações de Riefenstahl de que seu filme é um mero "documentário" que registra uma ocasião histórica. Mostra como o próprio encontro de Nuremberg

---

[2] SONTAG, Susan. Fascinating Fascism. *Under the Sign of Saturn*, Farrar, Strauss, Giroux, New York, 1980, p. 72-105.

foi planejado em função do filme a ser realizado, numa mistura de encenação e fato histórico, uma manifestação da falada visão estetizante de Hitler, que planejava com Speer os edifícios do Terceiro Reich tendo em vista suas ruínas em séculos futuros... Sontag sublinha aspectos de "O triunfo da vontade" que configuram o que ela chama de "estética do fascismo". Diz ela:

> A estética fascista [...] deriva de (e justifica) uma preocupação com situações de controle, comportamento submisso, esforço extravagante e resistência à dor; tudo isto endossando duas condições aparentemente contraditórias, a egomania e a submissão. As relações de dominação e submissão adquirem a forma de uma exibição característica: a massificação de grupos de pessoas; a transformação de pessoas em coisas; a multiplicação e replicação das coisas e o agrupamento das pessoas e coisas em torno de uma figura de líder ou de força onipotente e hipnótica. A dramaturgia fascista se centra em transações orgíacas entre poderosas forças e suas marionetes uniformemente vestidos e exibidos em pomposas apresentações. Sua coreografia oscila entre o movimento incessante e poses congeladas, estáticas, "viris". A arte fascista glorifica a rendição, exalta a ausência de inteligência, glamoriza a morte.

Ainda sobre a estética fascista, Sontag especula sobre o fascínio que os estereótipos do nazismo, especialmente das tropas SS (uniformes, botas, capacetes, roupas de couro, insígnias etc.) exercem sobre a fantasia sexual, especialmente no cenário sadomasoquista. A seu ver, esta captação do nazismo pelo imaginário erótico faz justiça ao tipo de relacionamento característico que ele preconizava para com o outro – domínio e submissão.